Gerhard Neuhäuser / Ferdinand Klein

Therapeutische Erziehung

Resiliente Erziehung in Familie, Krippe, Kita und Grundschule

Heilpädagogisch-ärztliche Grundlagen

© 2019 Burckhardthaus bei Oberstebrink
c/o Körner Medien UG, München

Alle Rechte, auch die des auszugsweisen Nachdrucks, der fotomechanischen Wiedergabe sowie der Übernahme auf Ton-/Bildträger vorbehalten. Ausgenommen sind fotomechanische Auszüge für den eigenen wissenschaftlichen Bedarf.

Herrn Matthias Spalinger, Stiftung Humanus-Haus in Breitenwil (Schweiz), danken Autoren und Verlag für die aussagekräftigen Fotos, die unser Anliegen lebensnah deutlich werden lassen. Und für die Abdruckgenehmigung der Korczak-Bilder danken wir Herrn Siegfried Steiger, Vorsitzender der Deutschen Korczak-Gesellschaft e. V.

Umschlaggestaltung: Tobias Schudok/Anja Lusch
Umschlagillustration: VRD/fotolia.com

Fotos: S. 9 Halfpoint/fotolia.com, S. 33 Archivist/fotolia.com, S. 35 denys_kuvaiev/fotolia.com, S. 38, 104 Rawpixel.com/fotolia.com, S. 48, 58 dtatiana/fotolia.com, S. 74 natalialeb/fotolia.com, S. 76 tilialucida/fotolia.com, S. 81 Olesia Bilkei/fotolia.com, S. 85 cherryandbees/fotolia.com, S. 90 Blanscape S. 93 Koepenicker/fotolia.com, S. 94 epiximages/fotolia.com, S. 100 Photographee.eu/fotolia.com, S. 160 U. J. Alexander/fotolia.com,

weitere Abbildungen: Abdruckgenehmigungen liegen dem Autor vor.

Layout: ism Satz- und Reprostudio, München, Satz: Anja Lusch

printed in germany

www.burckhardthaus-laetare.de

ISBN 978-3-96304-605-6

In Verehrung und Dankbarkeit

dem Kinderarzt, Erzieher und Schriftsteller Janusz Korczak,

seiner Mitarbeiterin Stefánia Wilczynska, genannt Frau Stefa,

und seinen 200 Kindern gewidmet.

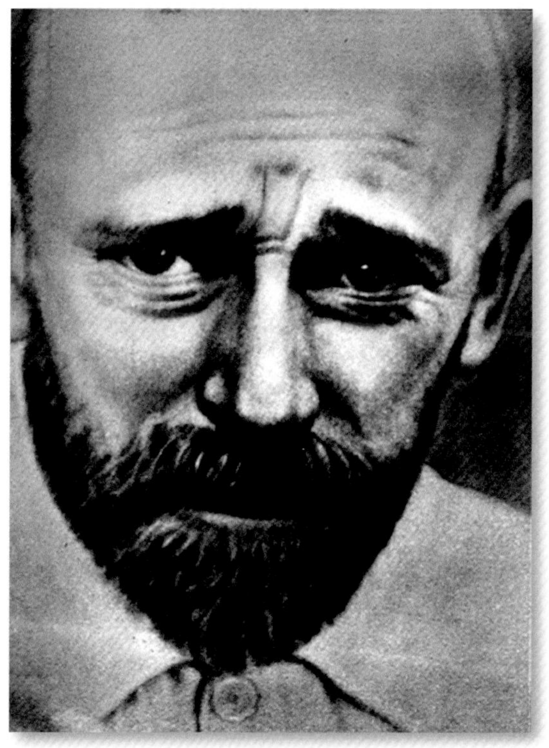

Janusz Korczak (1878-1942)

Inhalt

Vorwort ... 7

Kapitel 1:
Theorie und Praxis der therapeutischen Erziehung ... 9

1.1 Einführung – unser Standpunkt ... 10
1.1.1 Vorhaben ... 10
1.1.2 Therapeutische Erziehung als inklusive interdisziplinäre Praxis ... 11
1.1.3 Zur Darstellung ... 13
1.1.4 Verstehen und Erkennen durch gemeinsame Erfahrungen ... 14
1.1.5 Das Kind bis zum Lebensende in seiner Würde achten ... 16
1.2 Heilpädagogisch-ärztliches Handeln am Beispiel ... 17
1.2.1 Martin und seine Erzieherinnen ... 17
1.2.2 Aspekte der pädagogischen Grundsituation ... 19
1.2.3 Dimensionen des therapeutischen Erziehens ... 21
1.2.4 Therapeutische Erziehung und Intuition ... 22
1.2.5 Inklusion als Weg und Ziel der Arbeitsgemeinschaft Arzt und Erzieher ... 24
1.3 Orientierung an Erfahrungen von Menschen mit Behinderung ... 25
1.4 Der therapeutische Erzieher ... 28
1.5 Haltung der Achtung und Ehrfurcht ... 31

Kapitel 2:
Medizinisch orientierte Heilpädagogik ... 35

2.1 Zum interdisziplinären Arbeitsfeld ... 36
2.2 Beziehungen zwischen Heilpädagogik und Medizin ... 37
2.3 Ärzte als „Klassiker“ der Heilpädagogik ... 39
2.4 Sozialpädiatrie und Kinderpsychiatrie ... 46
2.5 Zusammenfassung im Hinblick auf Gesundheitserziehung ... 49

Kapitel 3:
Diagnostische Voraussetzungen der therapeutischen Erziehung ... 51

3.1 Entwicklung und Entwicklungsdiagnostik ... 52
3.2 Beurteilen des Entwicklungsstandes ... 55
3.3 Ursachen von Entwicklungsstörungen ... 65
3.4 Ärztliche und interdisziplinäre Diagnostik ... 69
3.5 Konsequenzen der ärztlich-heilpädagogischen Diagnostik ... 77
3.6 Schlussbemerkung ... 80

Kapitel 4:
Behandeln und Beraten bei therapeutischer Erziehung ... 81

4.1 Medizinisch-ärztliche Behandlung ... 83

4.1.1 Behandlung mit Medikamenten (Arzneimittelbehandlung, pharmazeutische Therapie) ... 84

4.1.2 Chirurgische Maßnahmen ... 90

4.1.3 Physikalische und physiotherapeutische Maßnahmen ... 92

4.1.4 Ergotherapie, Logopädie und Mototherapie ... 93

4.2 Alternative Behandlungsverfahren ... 94

4.3 Beurteilung von Behandlungsmaßnahmen ... 96

4.4 Pädagogische Förderung und therapeutische Erziehung ... 101

4.5 Beratung und Begleitung ... 102

Kapitel 5:
Handeln von Eltern und Fachkräften als therapeutische Erzieher ... 105

5.1 Gesundheit ist Leitbild ... 106

5.1.1 Arbeitsgemeinschaft Arzt und Erzieher ... 106

5.1.2 Prävention ... 107

5.2 Leitende Prinzipien ... 111

5.2.1 Das salutogenetische Prinzip ... 111

5.2.2 Das logotherapeutische Prinzip ... 118

5.2.3 Das rhythmische Prinzip (Rhythmus und Bewegung) ... 126

5.3 Therapeutische Erziehung nach dem „Situationsorientierten Ansatz“ ... 145

5.3.1 Zur Aktualität des „Situationsorientierten Ansatzes“ (S. o. A.) ... 145

5.3.2 Der „Situationsorientierte Ansatz“ beachtet die Klassiker der Elementarpädagogik ... 149

5.3.3 Ansprüche an die Persönlichkeit und Fachkompetenz des therapeutischen Erziehers ... 149

5.3.4 Ganzheitliche oder heilende (Spiel)Erziehung ... 152

5.3.5 Jedes Kind auf seinem Entwicklungsweg leiten und unterstützen 153

Literaturhinweise ... 163

Autoren ... 172

Janusz Korczak, Frau Stefa und ihre 200 Kinder

Die Kohlezeichnung von Itzchak Belfer zeigt Janusz Korczak, seine Mitarbeiterin Stefania Wilczyska und ihre 200 Kinder auf dem Weg in das Vernichtungslager Treblinka am 5. August 1942. Das aussagekräftige Bild (100 cm x 70 cm) hat Ferdinand Klein 1993 erworben. Er schenkte es am 26. 03. 1999 anlässlich der feierlichen Namensgebung „Janusz-Korczak-Schule" der Schule für Erziehungshilfe der Paulinenpflege Kirchheim (beim Hungerbrünnele 14, 73230 Kirchheim).

Itzchak Belfer (geb. 1924), Maler und Gestalter des Holocaust, bis heute noch aktiver Künstler und seit 2017 Träger des Bundesverdienstkreuzes für seine unermüdliche Versöhnungsarbeit, hat prägende Erinnerungen an Janusz Korczak. Er verbrachte die ersten sechs Jahre als Halbwaise zusammen mit fünf Geschwistern in sehr ärmlichen Verhältnissen und von 1930 bis 1939 im „Dom Sierot" (Haus der Waisen). Der 15-jährige Junge konnte aus dem Warschauer Ghetto flüchten. Nach einer neunjährigen Odyssee durfte er endlich 1948 in Israel einreisen. Der weltweit bekannte Künstler lebt in Tel Aviv.

Vorwort

Menschen mit Behinderungen und ihren Eltern danken wir herzlich für alle Begegnungen und gewonnenen Einsichten.

Liebe Leserinnen, lieber Leser,

seit 1970 verbindet uns wissenschaftliche und praktische Zusammenarbeit im Feld der Heilpädagogik. Erfahrungen, die wir als Arzt und Pädagoge machen konnten, wollen wir für Menschen, die in pädagogischen Handlungsfeldern tätig sind, darstellen. Was der Kinderarzt und Erzieher Janusz Korczak in seiner Person vereint, versuchten wir aus dem medizinischen und pädagogischen Berufsverständnis heraus zum Wohle der Menschen mit Behinderung zu realisieren und damit das alte medizinische Paradigma in ein ganzheitliches, inklusionsorientiertes Handeln zu wandeln.

Insbesondere bei regelmäßigen Beratungen in den Einrichtungen der Erlanger Lebenshilfe waren wir bemüht, Kindern, Jugendlichen und Erwachsenen die uns mögliche Hilfe im Rahmen therapeutischer Erziehung zu geben. Wir hatten es mit Menschen zu tun, die im Denken, im Bewegen und Wahrnehmen, im Gebrauch ihrer Sinne, bei der Kommunikation oder Motivation eine besondere Hilfe benötigen. Beim fachlichen Austausch wurden dem ärztlichen und pädagogischen Nachdenken und Handeln immer wieder neue Aufgaben gestellt. Hier konnte jeder wie selbstverständlich das Arbeitsfeld des anderen wahrnehmen und dabei erfahren, dass heilpädagogische Hilfen für Menschen mit Behinderung und ihre Eltern umso besser gelingen, je mehr sie in einem offenen Dialog stattfinden.

Auf die vertrauensvolle Zusammenarbeit mit den Eltern als den ersten und wichtigsten Erziehern ihrer Kinder legten wir großen Wert. Die Eltern hatten schon vor dem Beratungsgespräch einen Fragebogen ausgefüllt und aktuelle Informationen gegeben. Beim Gespräch, bei dem das Kind zunächst anwesend war, wurden die Angaben mit weiteren medizinischen Daten und Beobachtungen, auch durch das gemeinsame Wahrnehmen des Kindes in der pädagogischen und/oder therapeutischen Situation ergänzt. Gemeinsam mit den Eltern und pädagogisch-therapeutischen Fachkräften suchten wir nach Wegen der weiteren Hilfe für ihr Kind.

Das Buch verstehen wir als Ergebnis unserer reflektierten Arbeit, die wir als Arzt und Heilpädagoge für Menschen mit besonderen Erziehungsbedürfnissen zu realisieren versuchten. Es baut auf Erkenntnissen auf, die wir unter dem Titel „Heilpädagogik als therapeutische Erziehung" (Klein/Neuhäuser 2006) für den wissenschaftlichen Diskurs reflektiert hatten und nun für die Erziehung in Familie und Bildungseinrichtung facettenreich darstellen sowie an Beispielen aus unserer Praxis weiter konkretisieren.

Darüber hinaus ergänzt und vertieft es das Werk von Ferdinand Klein „Inklusive Erziehung in Krippe, Kita und Grundschule. Heilpädagogische Grundlagen und praktische Tipps im Geiste Janusz Korczaks" (Burckhardthaus 2018a) um die notwendigen medizinischen Grundlagen. Für Eltern und Fachleute soll es eine heilpädagogisch-ärztlich fundierte Orientierungshilfe zur gesunden Erziehung sein.

Linden und Bad Aibling, im Juli 2019

Gerhard Neuhäuser und Ferdinand Klein

Kapitel 1:
Theorie und Praxis der therapeutischen Erziehung

1.1 Einführung – unser Standpunkt

Wir weisen mit dem Begriff therapeutische Erziehung darauf hin, dass Erziehung und Bildung die Entwicklung des Kindes als leiblich-seelisch-geistige Ganzheit wahrnimmt und in seiner unverwechselbaren Individualität achtet. Diese pädagogische Hilfe ist bei allen Kindern notwendig, besonders aber bei jenen, die einen medizinisch-heilpädagogisch diagnostizierten Unterstützungsbedarf haben.

Wie findet der therapeutische Erzieher[1] die Orientierung für sein situationsorientiertes Handeln? Darauf antworten wir im einleitenden Kapitel mit Erfahrungen, die wir gemeinsam erlebt und verantwortet haben. Diese persönlichen Erfahrungen werden in den folgenden Kapiteln für heilpädagogisch-ärztliches Handeln reflektiert und am Beispiel für Eltern und Fachkräfte weiter erläutert. Besonders in der herausfordernden Erziehungssituation kann der Grundgedanke der therapeutischen Erziehung ganz elementar erfahren werden und zu fundamentalen Einsichten führen, die auf andere pädagogische Situationen übertragen werden können. Bei diesen reflektierten Erfahrungen und Einsichten geht es immer auch um Haltung und Wertorientierung.

1.1.1 Vorhaben

Wir verstehen therapeutische Erziehung als reflexive heilpädagogisch-ärztliche Praxis. Unser Standpunkt wird begründet und für die Erziehung in Familie, in Krippe, Kita und Grundschule näher erläutert. (Kapitel 1)

Grundlinien aus der Geschichte der Sozialpädiatrie und Kinderpsychiatrie vermitteln die erforderliche Orientierung und geben wertvolle Hinweise für die interdisziplinäre Praxis. (Kapitel 2)

Dabei sind biologische Aspekte ebenso wichtig wie die jeweils gegebenen psychosozialen Umstände, die bei Beurteilung der Entwicklung wie für die erziehungs- und therapiebegleitende Diagnostik zu beachten sind. Ursachen und Folgen von Entwicklungsbeeinträchtigungen sind so genau als möglich zu bestimmen; erst nach einer umfassenden interdisziplinären Diagnose (Kapitel 3) können die Chancen medizinischer Behandlung und

---

1 Um den Lesefluss nicht zu stören, wählen wir die männliche Sprachform. Stets dürfen sich beide Geschlechter verschiedener Professionen (Eltern, Studierende, Ärzte und Therapeuten, Psychologen, Pädagogen und Erzieher, Heil-, Sonder-, Rehabilitations- und Behindertenpädagogen, Sozialpädagogen) angesprochen fühlen. Im konkreten heilpädagogisch-ärztlichen Arbeitsfeld ist eine Abgrenzung der Tätigkeitsbereiche nicht sinnvoll.

pädagogisch-therapeutischer Begleitung ausgeschöpft werden. (Kapitel 4)

Dieser ganzheitliche Blick ermöglicht in der Erziehungssituation das Erfassen, Begleiten und Leiten des Kindes in seiner unverwechselbaren Individualität: Die konkrete heilpädagogisch-ärztliche Arbeit erfordert eine Grundorientierung des therapeutischen Erziehers an leitenden Gedanken, Prinzipien und Methoden; dies wird an Praxisbeispielen und mit dem „Situationsorientierten Ansatz" des heilkundlich, psychologisch-therapeutisch tätigen Kindheitspädagogen Armin Krenz veranschaulicht. (Kapitel 5)

1.1.2 Therapeutische Erziehung als inklusive interdisziplinäre Praxis

Zusammen mit Eltern, (heil-)pädagogischen und therapeutischen Mitarbeitern konnten wir kontinuierlich Erfahrungen sammeln: Medizinisch-therapeutische und pädagogisch-psychologische Erwägungen gingen ineinander über und stärkten die individuelle fachliche Handlungskompetenz, besonders bei längerem Suchen nach einer befriedigenden Lösung. Bei dieser interdisziplinären Kooperation ging keine Kompetenz verloren.

Auch wenn unsere Professionalität verständlichen Elternwünschen nicht immer unmittelbar gerecht werden konnte, waren wir um gemeinsame Lösungen bemüht. Bei Kindern mit fortschreitenden, zum Tod führenden Erkrankungen war die ethische Verbindlichkeit ärztlich-pädagogischen Denkens und Handelns besonders gefordert.

Wir sprechen von ärztlich-erzieherischer oder erzieherisch-ärztlicher Praxis, um eine jeweils unterschiedliche Gewichtung zum Ausdruck zu bringen. Interdisziplinäre Hilfe als therapeutische Erziehung soll medizinische Erkenntnisse im Bereich der Diagnostik und Therapie in die Praxis einbeziehen und der Entwicklung des Kindes dienlich sein.

Der Begriff therapeutische Erziehung ist aus der Praxis historisch hergeleitet und begründet. Das integrale therapeutisch-erzieherische Helfen soll eine weitreichende Unterstützung zur Inklusion sein, Partizipation und Teilhabe stärken und Ausgrenzung verhindern. Damit wird der UN-Behindertenrechtskonvention entsprochen, die „für alle Bürger ein Leitbild moderner Sozialpolitik und ein verbindlicher Handlungsrahmen für die Praxis sein will." (Klein 2018a, S. 14 f.)

Dieser Dienst an einer gemeinsamen Aufgabe des

- Arztes und Therapeuten,
- (Heil-)Pädagogen und pädagogischen Mitarbeiters

öffnet den eigenen Blick und überwindet die Enge fachlichen Denkens und Handelns zum Wohle des Kindes, das in der Begegnung von Mensch-zu-Mensch nicht mehr als Objekt wahrgenommen werden kann. Der Ursprung des Wortes Therapie verweist auf das griechische Verbum „therapeuein" (dienen, Dienst tun, pflegen, besorgen). Auch Pädagogik ist ihrem Ursprung nach Dienst am Kind, der allerdings oft im Laufe der Geschichte zu einer „Herrschaftspädagogik" (Sünkel 1994, S. 16) verkümmerte.

Heute dominieren das medizinisch-pädagogische Handeln vielfach abstrakte Begriffe, die mit logisch sauberer Formulierung den Menschen wie ein Ding definieren. Damit wird aber der Mensch in seiner Ganzheit Körper-Seele-Geist verfehlt, denn er reicht über eine messende Logik hinaus:

Das Maß liegt im Menschen, nicht in den Dingen!

Medizin und Pädagogik haben den gleichen wertorientierten Erziehungs- und Bildungsauftrag: Sie stehen im Dienst für den Anderen. Ärztliches und erzieherisches Bemühen dienen der Entwicklung des Kindes in seiner bio-psycho-sozialen Ganzheit. So verstandenes heilpädagogisch-ärztliches Handeln soll dem einmalig gegebenen und aufgegebenen Menschen eine Entwicklung aus eigener Kraft – in Würde und Freiheit ermöglichen.

Darum geht es uns in der interdisziplinären Arbeit, die zum (Nach-)Denken und Handeln aus der jeweiligen fachspezifischen Wahrnehmung motiviert. Man orientiert sich nicht an „defektologischen" Kategorien, sondern an Zusammenhängen und Beziehungen sowie Besonderheiten der Entwicklung.

Herausforderungen in der interdisziplinären Arbeitsgemeinschaft „Arzt und Erzieher" haben wir an authentischen Beispielen reflektiert. Sie sollen Erkenntnisse der naturwissenschaftlich-systemisch orientierten Medizin (Kapitel 2 bis 4) sowie Erkenntnisse der human- und geisteswissenschaftlich und ökologisch orientierten Pädagogik im situationsorientierten heilpädagogisch-ärztlichen Handeln für das „aufgegebene Kind" (nach den Heilpädagogen Moor, Hanselmann, Speck und Klein, dem Kindheitspädagogen Krenz und den Ärzten Asperger, Itard, Korczak, Montessori und Neuhäuser) zusammenführen. (Kapitel 5)

1.1.3 Zur Darstellung

Im Arbeitsfeld des Arztes und Erziehers ist das Wissen enorm angewachsen. Diese Komplexität hatte Spezialisten für bestimmte medizinische und pädagogische Aufgaben zur Folge, zum Beispiel bei Kindern mit Autismus oder mit extremen Verhaltensbesonderheiten. Die verschiedenen Aspekte zu überblicken, wird schwierig. Aber die komplexen Probleme erfordern Zusammenarbeit beim einzelnen Kind, wobei Arzt und Erzieher immer wieder Lernende sind.

Wie kann die Profession des Arztes und des Erziehers im Reflexions- und Handlungsfeld so zusammenwirken und sich so ausdrücken, dass sie dem aufgegebenen Menschen die Hilfe geben kann, die er zu seiner Entwicklung braucht? Wie kann medizinisch-therapeutisches und pädagogisch-didaktisches Denken und Handeln in einem unübersichtlich gewordenen heilpädagogischen Umfeld gerade diesem Menschen dienlich sein? Solche existentiellen Fragen lassen Fortschritte bei der inklusiven Erziehung erwarten. (Möckel 2007, Ellger-Rüttgardt 2016) Gefragt ist der Mensch als Subjekt: In der dialogischen Begegnung soll er fachliche Hilfe erfahren.

Dass mancher Zusammenhang nicht gleichzeitig, sondern nur nacheinander darzustellen ist, erfordert Wiederholungen, die dann aber jeweils in anderem Bedeutungszusammenhang stehen. Der (Sprach-)Philosoph Arthur Schopenhauer charakterisiert dies treffend: „Der organische, nicht kettenartige Bau des Ganzen macht es nötig, bisweilen dieselbe Stelle zweimal zu berühren." (Schopenhauer 1859, S. 8)

Indem wir den wissenschaftlichen Erkenntnisstand erörtern, ohne den Praxisbezug zu vernachlässigen, wollen wir mit den folgenden Ausführungen Eltern, (Fach-)Ärzten, (Heil-)Pädagogen und pädagogischen Mitarbeitern, Therapeuten, Sozialpädagogen, Sozialarbeitern und weiteren Helfern/Betreuern ermöglichen, sich mit Inhalten auseinanderzusetzen und dabei eigene Orientierung zu gewinnen. Reflexive Besinnung ist notwendig, da die therapeutische Erziehung immer wieder mit nicht alltäglichen, außergewöhnlichen Erfahrungen einhergeht, was eine Krisensituation darstellen kann. Geboten ist eine Weiterentwicklung der Professionalität, die mit Selbstmanagement oder Kompetenzausbildung heute als nie endende Selbsterziehungsaufgabe beschrieben wird.

Wir versuchen die eigene Position authentisch darzustellen, Kompliziertes ohne aktuellen Fachjargon einfach auszudrücken. Dabei folgen wir dem Erkenntnistheoretiker Karl Popper, der gegen die Zunftsprache der Wissenschaftler zu Felde zog.

Er sprach davon, dass der Expertenstil mit seinen „großen, dunklen, eindrucksvollen und unverständlichen Worten [..] nicht länger geduldet werden [darf], denn er zerstört den ‚gesunden Menschenverstand'". Zusammenhänge dürfen nicht hinter komplizierten Begriffen verschwinden: Dieses „grausame Spiel" ist „das Schlimmste – die Sünde gegen den heiligen Geist - die sich dann zeigt, wenn die Intellektuellen es versuchen, sich ihren Mitmenschen gegenüber als große Propheten aufzuspielen." (Popper, zit. n. Schneider 2003, S. 35)

Der Arztpädagoge Janusz Korczak pflegte eine solche lebenserfüllte, einfache Sprache, die nach dem Erziehungswissenschaftler Jürgen Oelkers ein „Skandalon der Pädagogik" ist, die seine Aussagen nicht hinreichend mit ihren Begriffen fassen und in ihr System einordnen kann. (Klein 2018b, S. 30) Diese Sprache sprengt die wohl gehüteten Theoriengebäude: Für das Erziehen, das Korczak am Herzen lag, müsse erst noch „eine Sprache geschaffen werden". (Oelkers 2017, S. 158) Um einfache, aber gehaltvolle Sprache für das ärztlich-heilpädagogische Handeln sind auch wir bemüht.

1.1.4 Verstehen und Erkennen durch gemeinsame Erfahrungen

Die Erziehungswirklichkeit im heilpädagogisch-ärztlichen Handlungsfeld ist äußerst komplex, vielgestaltig und vieldeutig. Sie ist eingewoben ins Leben, in Traditionen und Gewohnheiten und entzieht sich dem Zugriff durch eindeutig definierte Begriffe. Gleichwohl wissen wir, dass vor allem Sprache uns ermöglicht, das einzelne Kind zu verstehen und mit ihm in einen Handlungsdialog zu kommen.

Darauf verweisen auch die Ursprünge der Heilpädagogik: Pioniere dieser Praxiswissenschaft haben ihr Interesse am hilfebedürftigen Menschen selbst dargestellt: Behinderte, benachteiligte und ausgegrenzte Menschen riefen in ihnen Kräfte der Liebe wach und motivierten zum Handeln (Buchka/Grimm/Klein 2002). Ihrer lebensvollen Erfahrungswissenschaft wollen wir folgen.

Betrachten wir den Menschen auf der Subjektebene, können wir erkennen, dass dies etwas zu tun hat mit der „Wiederkehr des Ewig Gleichen". Wie der Heilpädagoge und Anthropologe Emil E. Kobi gehen wir davon aus, dass Objektivierungen nur unter einer nekrophilen Perspektive, die sich dem Unlebendigen und Zergliedern verschreibt, entwickelt werden können. „Objektivierungen befördern die Entfremdung zwischen den Menschen, Distanz und szientistische Neutralisation." (Kobi 2004, S. 34 f.)

Wer dem Menschen mit Behinderung auf seinem Entwicklungsweg helfen will, erfährt erst im Prozess des Handelns selbst die Bedingungen seines Tuns, Wollens, Denkens und Fühlens. Dieses Handeln hat der therapeutische Erzieher in der Begegnung mit dem Kind zu reflektieren und zu kontrollieren, um möglichst günstige Bedingungen für dessen Entwicklung zu gewinnen.

Geboten ist also eine Handlungsforschung, bei der individuelle Erfahrungserkenntnis zu ihrem Recht kommt. Diesem Ziel folgt zum Beispiel das Netzwerk Schulische Inklusion und Schwere Behinderung – SISB: Durch ein partizipatives Design (direktes Einbeziehen der Akteure aus der Praxis) sollen die (Heil)Pädagogen und Therapeuten als Experten für gemeinsame Erziehung aktiv in den Forschungsprozess eingebunden werden. Sie können durch „wertschätzendes Erkunden" fragen: „Was funktioniert gut?"; die „gefundenen Praxisbeispiele sollen in einem Netzwerk über Deutschland hinaus verbreitet werden". So kann der Denkfigur „der Schwerstbehinderte als Repräsentant des Nichtintegrierbaren durch die reflektierte Praxis erfolgreich begegnet werden." (Bernasconi et. al. 2017, S. 45)

Diese einfühlende (empathische) Praxisforschung vertrat Janusz Korczak, sie wird heute weiterentwickelt, will verwirrende Inklusionsrhetorik überwinden und fühlt sich verpflichtet, die unverwechselbare Individualität zu achten. Durch intersubjektive Begegnungen öffnen sich Erfahrungsräume (Räume des Verstehens und Erkennens), die im menschlichen Bewusstsein, im Gefühl und Herzen verankert sind. (Speck 2016)

Geboten ist also ein Verstehen und Erkennen durch gemeinsame Erfahrungen. Hier kommt die Erfahrungserkenntnis zu ihrem Recht. Wir verstehen sie als Antwort auf die Zersplitterung der Einheit: Die einzelne Wissenschaft kann den ganzheitlichen Lebenszusammenhang in seinen Bedingungen nicht mehr hinreichend wahrnehmen. Werden Erfahrungen zum Anlass für neue Fragen, können Wissenschaftler und Praktiker feststellen, was wirklich und was möglich ist. (Hentig 1976) Das Hinwenden zur Erfahrung darf nicht als Rückkehr ins Vorwissenschaftliche verstanden werden, denn Erfahrungserkenntnis soll selbst zur wissenschaftlichen Erkenntnis werden.

Erfahrungserkenntnis gründet eben auf Erfahrungen, wie der große Philosoph Immanuel Kant in der Einleitung zur Kritik der reinen Vernunft vermerkt. Es wird nicht gleich verallgemeinert, wie dies unter dem Zwang einer Vorgabe (Hypothesenbildung) geschehen würde. Vielmehr wird die Erfahrung mit eigenen Worten beschrieben und die Begriffe bleiben auf wirkliche Situationen bezogen.

Diese Erkenntnisart kann der in der Praxis stehende Erzieher und Arzt pflegen, sie wendet sich gegen eine Verschulung des Geistes und hilft dabei, pädagogisch-therapeutische Sachverhalte zu verfeinern. Dadurch wandelt sich wie von selbst die Konsumhaltung gegenüber dem Wissen in aktives Interesse und neugieriges Fragen. Und die Erzieher und Ärzte bilden sich zur Menschlichkeit und Sachlichkeit, spüren ihre Grenzen und ihr Nichtwissen und werden in ihrer Wahrheitssuche bescheiden. Die inklusive Praxis wandelt sich so ganz unmerklich in eine Erziehungskunst. Das wollen wir am Beispiel „Martin und seine Erzieherinnen" darstellen (siehe Seite 17).

Ärztlich-erzieherische Aufgaben erwarten uns bei Menschen jeden Lebensalters bis zur Seniorenbetreuung. Der Hilfebedarf kann hoch oder sehr hoch sein, eine ganzheitlich orientierte therapeutische Erziehung ist immer zuständig. Es geht dabei um integrierte Betrachtung aus Sicht des Arztes und des Erziehers, die beide ihre Sehweise im heilpädagogisch-therapeutischen Denken und Tun zusammenführen.

Diese interdisziplinäre Aufgabe bewegt die wissenschaftliche Heilpädagogik seit ihren Anfängen. Auf das wert- und erfahrungsbezogene Verstehen und Erkennen wies Heinrich Hanselmann hin, der ab 1931 die erste europäische Professur für Heilpädagogik an der Universität Zürich inne hatte: Die Wissenschaftlichkeit der Heilpädagogik bestehe nicht darin „hinter einem klingenden und schillernden Schwall von Fremdwörtern die Leere der Gedanken zu verbergen, sondern darin, sich verantwortlich zu wissen, für das, was man sagt und schreibt, und ferner darin, mit jedem Wort zu ringen, bis es den Autor und den Leser segnet." (Hanselmann 1976, S. 546)

1.1.5 Das Kind bis zum Lebensende in seiner Würde achten

Sind unheilbar kranke Menschen dem pädagogisch-therapeutischen Helfen aufgegeben, ist es eine wichtige Aufgabe, den Menschen so wahrzunehmen wie er ist. Eine solche Grundhaltung bestimmt uns bei der Begleitung von Kindern und Jugendlichen, die aufgrund neurodegenerativer oder metabolischer Erkrankungen, zum Beispiel durch spinale Muskelatrophie Werdnig-Hoffmann oder infolge Sanfilippo-Syndrom (Mukopolysaccharidose III), in ihren Fähigkeiten stetig schwächer werden und nicht mehr lange zu leben haben: Wir gestalteten mit ihnen und den anderen Kindern eine möglichst situationsorientierte gemeinsame Lebens- und Lernwelt, in der jeder den anderen in seinem Können, Fühlen und Wollen achtsam begegnen konnte.

Eine heilpädagogisch-therapeutische Arbeit, die den Anderen in seiner Würde bedingungslos achtet, beschreibt der Arzt Klaus Dörner in seiner

„Erfahrungsregel als gegen den jeweils leichteren Weg" (Dörner 2003, S. 116) wenn die eigene Verhaltenserwartung nicht mehr zutrifft und ständig Energie gebraucht wird. „Die eigene Kraft und Motivation könnte hierfür niemals ausreichen. Mir würde die Puste ausgehen, und ich würde mich auf ein paar fürsorglich-besitzergreifende und dem Patienten die Ziele vorgebende Strategien beschränken. Nicht zuletzt dies ist der pragmatische Grund dafür, warum ich als Arzt vom Letzten her die Kraft vom chronisch Kranken, vom Anderen beziehen muss, warum ich eine ethische Haltung benötige, die nicht in mir, sondern im Anderen ihren Anfang findet, der mich in den Dienst nimmt und mir meine Verantwortung befiehlt." (ebd., S. 116)

1.2 Heilpädagogisch-ärztliches Handeln am Beispiel

1.2.1 Martin und seine Erzieherinnen

Diagnose und heilpädagogisch-therapeutische Hilfe

Martin[2] kommt nach 18 Stunden Geburtsdauer auf die Welt und wird drei Tage später in einer Kinderklinik aufgenommen. Diagnose: Hochgradiger angeborener Hydrozephalus unbekannter Genese. Mit einem Monat ist schon eine Ventiloperation nötig. Nach vier Monaten folgt eine erneute Klinikeinweisung. Spastizität und Krampfbereitschaft bahnen sich an. Ein Spezialstuhl wird verordnet. Trotz des implantierten Spitz-Holter-Ventils wächst der Kopf unproportional weiter. Mit 16 Monaten wird die Diagnose erweitert: Tetraspastik, deutlich ausgeprägte tonische Reflexe; Entwicklungsrückstand, keine Kopfkontrolle. Bald kommt als neues Problem eine hartnäckige Verstopfung hinzu. Mit zwei Jahren treten gehäuft kleine Anfälle auf. Sie werden unter Kontrolle gebracht. Ein Jahr später hat Martin aber große Anfälle. Er äußert noch kein Wort, obwohl er mit eineinhalb Jahren erste Laute von sich gab. Weitere Diagnosen lauten: Beginnende Kontrakturen in Fuß-, Knie- und Ellenbogengelenken, erhebliche Abduktionshemmung in den Hüften; starke Obstipation; große Anfälle; nur wenig ausgebildete geistige und statische Fähigkeiten. Trotz einer rechtzeitigen, umfassenden medizinisch-therapeutischen Hilfe, pädagogischer Beratung vom zweiten Lebensjahr an sowie liebevoller häuslicher Pflege und Fürsorge hat sich Martin so entwickelt. (Klein 2018a, S. 99)

2 Die Namen der als Beispiele aufgeführten Kinder haben wir in der Regel geändert.

Wir ergänzen den Bericht der Früherzieherin: Martins Mutter und Geschwister sind mit allen besten Kräften um die Durchführung eines Übungsprogramms bemüht. Martin wurde wesentlich ruhiger und ist besser belastbar. Zudem ist er kaum mehr schreckhaft. Das Programm, in das Alltagsgeschehen eingebunden, besteht vor allem in akustischer und taktiler Sensibilisierung, im Vermitteln von Vibrationsempfindungen, in musikalisch begleiteten Bewegungsaktivitäten, auch in einem mundmotorischen, sprachvorbereitenden Training. Das Üben mit verschiedenen Gegenständen (Greifspielzeug, rollende und sich bewegende häusliche Dinge, Geräusche erzeugende Dosen, Musikinstrumente) erfolgt bei sprachlicher und körpernaher Zuwendung spielerisch-rhythmisch in einer dem Kind zugewandten, liebevollen Haltung.

Unser Wahrnehmen zeigt eine dialogische Begegnungssituation: Martin hört gerne Musik – und freut sich darüber. Er lauscht einer einfachen Melodie, klopft mit einem Schlegel, den ihm die Mutter oder die Erzieherin in die Hand gibt, zunehmend entspannt und gelockert auf ein Xylophon. Zunächst macht er das unter Führung der Mutter, später kann er es auch allein. Er fühlt sich in seinem Wollen und Tun, im Sein bestätigt und bestärkt. Damit lebt Martin nach seiner Sinn-Perspektive in einer Sphäre des Zwischen, die der jüdische Philosoph und Pädagoge Martin Buber als „Urkategorie der menschlichen Wirklichkeit" bezeichnet, als Ort und Träger eines tatsächlichen zwischenmenschlichen Geschehens, das „sich nach Maßgabe der menschlichen Begegnung jeweils neu" konstituiert. (Buber 1982, S. 165) Eben in dieser Begegnung wird Gott oder das ewig Seiende sichtbar. Es geht nun nicht mehr um ein strategisches Verhalten oder Anstreben einfach messbarer Ziele. Vielmehr geht es um geduldiges, verantwortungsvolles und hingebungsvolles Helfen – eine heilpädagogische Grundhaltung von Angesicht zu Angesicht.

Diese Begegnung ist kein Machen durch ein ausgeklügeltes Behandlungssystem. Sie kann nicht einfach hergestellt oder gar erzwungen werden. Wir können nur versuchen in der pädagogischen Beziehungssituation durch eine einfühlsame und einladende Haltung die Voraussetzungen dafür zu schaffen, dass sich Ich und Du begegnen können, in einer Situation, in der Kulturgut (Gegenstände, Sprache, Musik oder Rhythmik) mit enthalten ist. Gefragt ist eine Erziehungskunst die dem Kind ermöglicht, sich zum Handeln oder Nichthandeln frei zu entscheiden. Hier tritt das Wagnis als Wesensmoment der Erziehung hervor, von dem der Pädagoge und Existenzphilosoph Otto Friedrich Bollnow spricht: Martin hat „immer die Möglichkeit, aus unerforschlichen Gründen sich der Absicht des Erziehers zu entziehen oder sich gar gegen sie zu wenden und sie zu vereiteln. Darum ist die Möglichkeit des Scheiterns von Anfang an als ein bestimmender Faktor im erzieherischen Akt mit enthalten." (Bollnow 1958, S. 133)

Das Wissen um das Wagnis zwischen Gelingen und Misslingen ist Teil der pädagogischen Professionalität – besonders der heilpädagogisch-therapeutischen. Bei diesem Begegnen zwischen Erzieher und Kind verschwinden im Grunde die Alters- und Standesunterschiede, es gibt keine „Sonderform einer pädagogischen Begegnung, sondern nur die menschliche Begegnung schlechthin" (Bollnow 1958, S. 130), die gleichwertige und gleichwürdige Begegnung von Ich-und-Du.

1.2.2 Aspekte der pädagogischen Grundsituation

Gemeinsam das Dasein gestalten

In der pädagogischen Grundsituation begegnen sich Menschen von Angesicht zu Angesicht und gestalten gemeinsam ihr Dasein. Martin wird in der Begegnung zum aufgegebenen Du. Nach Martin Buber geschieht eine Wandlung des Ich und des Du. Er weist auf das Wesentliche des Grundwortes „Ich-Du" hin, das nicht im Ich allein und nicht im Du allein gefunden werden kann, sondern im Zwischen als einer Urkategorie menschlicher Wirklichkeit. (Klein 2018a, S. 154) Ich-Du ereignet sich in der Begegnung von Mensch-zu-Mensch immer wieder neu und kann verlorenes Vertrauen des Kindes wiedergewinnen. Hier wird das Ich zum Du: „Ich werdend spreche ich Du." (Buber 1983, S. 18)

In solcher Begegnung ist der göttliche und menschliche Geist unterwegs. Das hat auch der Arzt und Heilpädagoge Karl König im Blick, wenn er vom „Aug' in Auge-Blicken" zweier Persönlichkeiten spricht, das jene Heilpädagogik schafft, die „der Bedrohung des innersten Menschseins heilend entgegentritt." (König, zit. n. Klein 2008, S. 134 ff.)

Diese Heilpädagogik schöpft aus den Quellen des Guten. Michaele Glöckler, Ärztin und Sozialtherapeutin, fragt woher das Gute komme? Entspringt es „aus der Beziehungsfähigkeit der Menschen untereinander [...] oder finde ich das Gute, indem ich mich entschließe, es zu tun?" (Glöckler, zit. n. Klein 2018a, S. 98)

Ein therapeutischer Erzieher, der aus seinem freien Willen heraus nach der Idee des Guten handelt, kann im Miteinander humane Werte schaffen.

Dem Konkreten mit dem Herzen nachspüren

Wie die Begegnung wirklich sein soll, lässt sich nicht mehr hinreichend in Worte fassen. Das situationsorientierte Handeln kann aber im Medium der Kunst wahrgenommen und empfunden werden. Der französische Flieger Antoine de Saint-Exupéry zeigt das in seinem dichterischen Werk „Der Kleine Prinz". Seine Kunst spricht Kinder und Erwachsene gleichermaßen an.

Das Konkrete, das wir erleben, erahnen und vermuten, hat etwas mit unserem Bewusstsein, mit Geist und Gefühl, mit Empathie und Mitleid zu tun – fern bloßer Sentimentalität. Gerade das Gefühl wird in der neurobiologischen Forschung häufig mit dem erkennenden Herz, mit der Kraft des liebenden Herzens in Verbindung gebracht: Das Bejahen des Guten müsse aus dem Herzen kommen und nicht aus dem Kopf allein. (Speck 2016, S. 234)

Antoine de Saint-Exupéry drückt das dichterisch so aus:

> *„Es ist ganz einfach: Man sieht nur mit dem Herzen gut.*
> *Das Wesentliche ist für die Augen unsichtbar."*
> *„Das Wesentliche ist für die Augen unsichtbar",*
> *wiederholte der kleine Prinz, um es sich zu merken.*
> *„Die Zeit, die du für deine Rose verloren hast,*
> *sie macht deine Rose so wichtig."*
> *„Die Zeit, die ich für meine Rose verloren habe" […],*
> *sagte der kleine Prinz, um es sich zu merken.*
> *Und er warf sich ins Gras und weinte.*
> *„Die Menschen haben diese Wahrheit vergessen",*
> *sagte der Fuchs. „Aber du darfst sie nicht vergessen.*
> *Du bist zeitlebens für das verantwortlich,*
> *was du dir vertraut gemacht hast.*
> *Du bist für deine Rose verantwortlich […].*
> *„Ich bin für meine Rose verantwortlich" […].*
> *wiederholte der kleine Prinz, um es sich zu merken."*
>
> (Saint-Exupéry 2001, S. 72 f.)

So soll therapeutische Erziehung sein: Das Kind mit dem Herzen ruhig und geduldig wahrnehmen, für seine autonome, spontane, rezeptive Entwicklung verantwortlich sein.

Mutter und Erzieherin folgen dem „Gesetz des Herzens“

Sie folgen dem „Gesetz des Herzens“. (Hegel, zit. n. Speck 2016, S. 222) Diesen menschheitsgeschichtlichen Befund des großen Philosophen Hegel bestätigen neurobiologische Forschungen. So weist Gerald Hüther darauf hin, dass ein Kind auf Bindungspersonen angewiesen ist und zu ihnen in enger emotionaler Beziehung stehen muss, damit „starke innere Bilder in Form der dabei gebahnten Verschaltungen entstehen“ und sich eine unverwechselbare Individualität entwickeln kann. (Hüther 2011, S. 123 f.)

1.2.3 Dimensionen des therapeutischen Erziehens

- Bei Martin und seinen Erzieherinnen konnten wir Entwicklung in bio-psycho-sozialer Ganzheit erleben. Organische Prozesse sind auf die Umwelt gerichtet und auf diese angewiesen. Erzieherisches Wirken beeinflusst den ganzen Menschen: Martins Augen werden gerichtet, nehmen Eindrücke auf. Sein Ich erwacht, er freut sich. Menschliche Subjektivität basiert auf leiblichem Geschehen, Bildsamkeit ist somit körperlich begründet.
- Die Ärztin und Pädagogin Maria Montessori erkannte, dass „der Geist sich mit Hilfe der Hand organisiert“ und war überzeugt, dass in der Seele des Kindes geistige Entwicklung nur erfolgen kann, wenn der Kreis zwischen der Seele des Kindes und der äußeren Welt durch einen Punkt der Berührung geschlossen werden kann. Aufgabe des therapeutischen Erziehers ist also, diese Berührungspunkte mit Gegenständen unserer Kultur zu ermöglichen.
- Therapeutische Erziehung will Martins Lebensweg ermöglichen. Er nimmt im Dialog wahr und bewegt sich, bildet sensomotorische Schemata aus, entwickelt weitere Bedürfnisse, Interessen und Neugierde. Er organisiert selbst die Freude im gemeinsamen Tun. In dieser Freude auf die „nahe Perspektive“, sieht der ukrainische Sozialpädagoge Anton Makarenko einen fundamentalen Antrieb für das menschliche Leben.
- Wie versuchten Martins Mutter und die Erzieherin Entwicklungsmöglichkeiten aufzuspüren und in Gang zu bringen? Zunächst waren sie in einer empathisch-aufnehmenden Haltung bemüht, seinen Willen zur Selbstgestaltung zu erkennen. Bei dialogischem Verstehen wird vorausgesetzt, in der Begegnung mit dem Kind gleichsam wie ein

leeres Gefäß zu sein und möglichst vorurteilsfrei zu empfinden, wahrzunehmen, aufzunehmen. So waren Mutter und Erzieherin auf ihre je ganz persönliche Art und Weise um den motorischen Mitvollzug der äußeren und inneren Bewegungen des Kindes bemüht. Mit der aufschließenden Kraft des Vertrauens konnten sie Martins Bewegungen, seine Mimik und Gebärden, Gemütsregungen und Stimmungen als Grundlage auch seiner geistigen Entwicklung erfassen.

- Eine Logik des Erziehens ergibt sich aus den Entwicklungsmöglichkeiten des Kindes, die wir nicht genau kennen. Wir erschließen sie annähernd durch diagnostisches Bemühen, aber auch in der gemeinsamen Beziehungs- und Handlungssituation. Dabei sind Intuition, Spontaneität und Flexibilität gefordert. Hier ist ein Festklammern an funktionsorientierte Vorgaben überwunden und die „Zone der nächsten Entwicklung" (Wygotskij) wird ermöglicht. (Klein 2018a, S. 14)
- Versuchte man dennoch, Funktionen isoliert zu trainieren, würde das In-Beziehung-Treten zu unpersönlich-gekünsteltem Behandeln erstarren. Grundrechte des Kindes wären verletzt, kindliche Subjektivität ignoriert und ein Entwickeln aus eigener Kraft verhindert. Das Kind könnte kein Selbstwertgefühl ausbilden und bliebe zeitlebens vom mächtigen Erzieher und seinem Behandlungsprogramm abhängig. Dies liegt außerhalb unseres Verständnisses von therapeutischer Erziehung.
- Die Erzieherinnen begegnen Martin in einer intersubjektiven Beziehung, aus der heraus sie mit ihrer Professionalität subjekt- und aufgabenbezogen handeln und Selbstgestaltung ermöglichen: Martin lässt sich vom Erziehungsraum und von der pädagogischen Atmosphäre beeindrucken, er bewegt seine Augen, blickt, nimmt Eindrücke wahr und verarbeitet diese auf seine Weise. Kopfnicken und Wahrnehmen, Sich-Freuen, Traurig-Sein oder Laute (Sprache) sind Ausdruck seiner autonomen Entscheidung. In basaler, leibnaher Kommunikation kommt er zu seiner Selbst- und Welterfahrung. (Fröhlich 2012, Wilken 2018)

1.2.4 Therapeutische Erziehung und Intuition

„Die Fähigkeit zum intuitiven Erfassen des Kindes ist eine wichtige Voraussetzung für heilpädagogisches Handeln. Es lässt sich nicht alles, was auf den Menschen einwirkt, mit den Methoden der objektivierenden Empirie erkennen. Wer nicht auch über intuitive Erkenntnis verfügte, wäre heilpädagogisch 'blind'." (Speck 2008, S. 294)

Wir begegnen zunehmend mehr Kindern mit ungewöhnlichen Verhaltensweisen, mit emotional-sozialen Auffälligkeiten, die wir nicht gleich beurteilen, erklären oder logisch einordnen können. Wir nehmen sie intuitiv, mit innerer Aufmerksamkeit wahr, lassen sie auf uns wirken, versuchen dies mit anderen Wahrnehmungen oder Erfahrungen zu verbinden und in einen größeren Zusammenhang zu bringen. Da Intuition aber auch eine Quelle von Irrtümern und Fehleinschätzungen sein kann, ist es notwendig, Einsichten und Erkenntnisse zu überprüfen durch Selbstreflexivität, Interdisziplinarität, Teamarbeit oder Supervision.

Eine allgemein anerkannte wissenschaftliche Antwort auf die Frage, was Intuition eigentlich sei, ist nicht zu finden. Für Goethe war sie geistiges Schauen, das sich aus dem Inneren des Menschen entfaltet. In der Waldorfpädagogik spielt sie eine zentrale Rolle: Intuition bildet das durch Erfahrungen sich entwickelnde Bewusstsein aus und wird als höchste Stufe des dialogischen Erkennens angesehen. Als meditative Grundlage heilpädagogischer Arbeit schafft Intuition eine innere Kongruenz beruflicher Kompetenzen. Durch Intuitionsübungen reift Vertrauen in die eigenen Fähigkeiten. (Klein 2018b, S. 79 f.)

„Diese Kinder fordern uns heraus. Vieles ist unbegreiflich, die Wege zum Verstehen sind verschlungen, aber nichts führt daran vorbei, dass wir zu ihnen stehen." (Fragner 2018, S. 1) Das tat der große Schweizer Pädagoge Johann Heinrich Pestalozzi schon 1799 bei der Arbeit mit „verwahrlosten" Kindern, deren Schicksal er teilte. Aus einer tiefen Erziehungsnot heraus erlebte er ihr Leiden und hat eine Theorie der moralischen Elementarerziehung in pädagogischen Grenzsituationen geschaffen, die leider heute eher am Rande wahrgenommen wird.

Intuition entwickelt sich mit inneren Erfahrungen und entsteht aus dem Gefühl des Vertrauens in die eigenen Möglichkeiten. So wird eine – stets gefährdete – Sicherheit für das prüfende und abwägende Erkennen gewonnen. Nach Paul Moors Lehre vom „Inneren Halt" (Moor 1999) führt Erfahrung zu Lebenstüchtigkeit (eine Arbeit bewältigen, neue Aufgaben erkennen, Regeln und Ordnungen einhalten) und zu Lebenserfülltheit (von etwas angetan sein, Freude erleben, Staunen, Glaube, Wahrheit, Liebe).

1.2.5 Inklusion als Weg und Ziel der Arbeitsgemeinschaft Arzt und Erzieher

Kinder wie Martin zeigen wie in einem Brennglas, worauf es bei der Erziehung ankommt. Was wir für und mit Martin reflektieren, gilt grundsätzlich für die Erziehung aller Kinder. Unterschiede sind in der jeweiligen Individualität begründet, die wir gerade beim therapeutischen Erziehen mit dem Herzen wahrnehmen und erkennen müssen. Es wird oft gesagt, Inklusion beginne in den Köpfen; das ist jedoch nur die halbe Wahrheit: Inklusion beginnt in den Herzen!

Jedes Kind möchte von Beginn an selbst Erfahrungen machen, seine Kräfte erproben, sich dadurch bilden. Der Erzieher dient der Entwicklung des Kindes und will Erfahrungen ermöglichen, indem er geistige, seelische sowie körperliche Kräfte zur Verfügung stellt. So schafft er einen Lebens- und Erfahrungsraum, den wir als Entwicklungsunterstützung in Sinnzusammenhängen charakterisieren können. Dem Kind wird durch Aneignung der Wirklichkeit, die weder beliebig ist, noch dem Zufall überlassen werden darf, ermöglicht, sich nach seiner Bestimmung aus eigener Kraft selbst zu entwickeln. Kinder sind ja von Geburt an fähig und bereit, sich ihre Welt anzueignen, ohne dass ein Erwachsener sie belehren müsste. Damit wird die Warnung des biologisch orientierten Entwicklungspsychologen und Erkenntnistheoretikers Jean Piaget bestätigt. Er spricht davon, dass ein Erzieher, der das Kind auf feste Lernziele hinführt, es am Selbstentdecken hindert – und Schaden stiftet.

Pädagogik kann und darf sich nicht allein auf das so genannte normale menschliche und zwischenmenschliche Geschehen konzentrieren und Problematisches ignorieren. Sie beweist ihre Tragfähigkeit gerade dort, wo sich Schwierigkeiten und Hindernisse in den Weg stellen. Der „Normalfall" ist eigentlich pädagogisch uninteressant – man versäumt, sich auf die individuelle Eigenart des Kindes einzulassen und ein verfeinertes methodisches Bewusstsein zu entwickeln.

Die Geschichte der Heilpädagogik und Sozialpädiatrie und unsere Erfahrungen zeigen deutlich, dass die Allgemeine Pädagogik einen heilpädagogischen Anteil haben muss. Scheitern im pädagogischen Feld ist konstitutiv für Erziehung und Bildung. Deshalb hat die Allgemeine Pädagogik die heilpädagogisch-ärztlichen Einsichten und Erkenntnisse in ihr Selbstverständnis zu integrieren. So kann der längst fällige Beitrag zur Inklusionspädagogik gelingen.

Der Schweizer Heilpädagoge Paul Moor betont die außerodetnlich große Wichtigkeit der Selbsterziehung des Erziehers und des Arztes beim pädagogischen Handeln:[3] In der heilpädagogischen Wirklichkeit begegnen sich zwei Menschen. Dies „führt unvermeidlich in die pädagogische Verantwortung, handle es sich nun um Mutter und Kind, um Lehrer und Schüler, um Arzt und Patient, um Therapeut und Neurotiker, um Fürsorger und Hilfsbedürftigen, um Seelsorger und Heilsbedürftigen." (Moor 1999, S. 285)

Moor betont den interdisziplinären Konsens für das heilpädagogische Handeln: Es sei nötig „das Kind zu erziehen, andererseits sich den Notwendigkeiten der ärztlichen, therapeutischen, fürsorgerischen Hilfe zu fügen." Es kann weder darum gehen, Kompetenzbereiche abzugrenzen, noch die Einzelziele einander anzugleichen, sondern darum, dass jeder der an Hilfe Beteiligten sich über sein zentrales Anliegen klarwerden muss, aber ebenso die berechtigten Anliegen der anderen zu beachten hat. Zusammenarbeit ist ein menschliches Problem, erst in zweiter Linie auch ein wissenschaftliches. In jeder Situation ist „das hier und jetzt Notwendige mit den anderen zusammen zu suchen", um der „Besonderheit einer konkreten Situation" für das Kind gerecht zu werden. (Moor 1999, S. 15)

1.3 Orientierung an Erfahrungen von Menschen mit Behinderung

Wir nehmen wahr: Martin wird in seiner körperlich-seelisch-geistigen Ganzheit als Subjekt gesehen, er nimmt den Erzieher in die Pflicht verantwortlich zu handeln. Die für ihn und mit ihm reflektierten medizinisch-pädagogischen Erfahrungen können wir verallgemeinern: Unter Heilpädagogik fassen wir alle ärztlich-erzieherischen Hilfen für Menschen, die als Folge einer Schädigung des Zentralorgans oder/und aufgrund problematischer sozialer Lebenslagen diese Hilfe vorübergehend, länger oder zeitlebens brauchen. Der Hilfebedarf kann hoch oder sehr hoch sein, die ganzheitlich orientierte heilpädagogische Praxis ist immer zuständig.

Wir wollen damit zu einer gemeinsamen Sprache einladen, der es nicht um Theorien mit definierten Begriffen geht, sondern um handlungsorientiertes Reflektieren empirischer Erkenntnisse, um das Beschreiben erlebter Praxis. Konkretes Denken kann dem fachlichen Handeln ethisch begründete Impulse geben.

3 Sein Standardwerk „Heilpädagogik" trägt in kluger Vorausschau den inklusionsorientierten Untertitel „Ein pädagogisches Lehrbuch."

Abstraktes und distanziertes Denken bereichert zwar den Verstand, doch trägt es nicht grundlegend zur praktischen Urteilskraft bei, die – nach dem großen Philosophen Immanuel Kant und aufgrund erfahrungswissenschaftlicher Einsichten – nicht gelehrt, sondern nur in Lebenssituationen geübt und (aus)gebildet werden kann. Geboten ist deshalb eine Orientierung an den Erfahrungen von Menschen mit Behinderung.

Das Gesellschaftsmodell der neoliberalen Marktwirtschaft, das den sozialen Anspruch des Einzelnen nicht mehr hinreichend beachtet, steuert einen radikalen Kurs der Umverteilung zu Lasten von Menschen, die bereits benachteiligt sind. Hier hat die Heilpädagogik ihr Mandat und muss für eine Bildungspolitik der sozialen Gerechtigkeit, der gesellschaftlichen und staatlichen Verantwortung auf allen Ebenen kämpfen. Uns bewegen deshalb Aspekte, auf die Menschen mit Behinderung eindrücklich hingewiesen haben, denn sie sind bis heute aktuell. Wir referieren zwei Beispiele:

In einem Schwerpunktheft der Fachzeitschrift „Geistige Behinderung", das sich mit ethischen Fragen befasst, finden wir einen scharfsinnigen Beitrag von *Peter Radtke* mit dem unmissverständlichen Titel „Wir lassen nicht über uns diskutieren". Radtke, 1943 geboren, kam bereits mit drei Knochenbrüchen auf die Welt und ist wegen der Glasknochenkrankheit schwer körperlich behindert; er ist verheiratet und unter anderem als promovierter Publizist, Schauspieler und Geschäftsführer der Arbeitsgemeinschaft „Behinderung und Medien" tätig, war Mitglied des Nationalen Ethikrates, seit 2008 von dessen Nachfolger dem Deutschen Ethikrat. Sein Kampfaufruf gegen Diskriminierung und Ignoranz lässt keine Grenzen zu; denn wo Außenstehende nach ihren Interessen Grenzen ziehen, können diese auch verschoben werden, wird unberechtigt über Andere verfügt: „Wir dürfen uns nicht auseinanderdividieren lassen, geistig Behinderte, Körperbehinderte und Sinnesgeschädigte, wie dies bereits in den Diskussionen um die Sondereinrichtungen weitgehend geschehen ist. Schon einmal begann das Unheil bei den geistig Behinderten und Kommunikationsgestörten."
(Radtke 1990, S. 276)

McBryde Johnson ist seit Geburt körperlich behindert und von Beruf Juristin Sie berichtet im New York Times Magazine von ihrer Begegnung mit dem Ethikprofessor Peter Singer, der von Australien aus an die Princeton-Universität berufen, mit dem Welttechnologiepreis für Ethik und am 3. Juni 2011 in der Deutschen Nationalbank mit dem Ethik-Preis der Giordano-Bruno-Stiftung ausgezeichnet wurde. Singer gilt nicht nur in den Vereinigten Staaten als der wohl einflussreichste Philosoph unserer Zeit.

Mit ihm diskutierte McBryde Johnson über den Präferenz-Utilitarismus. Er antwortete mit glasklaren Gegenargumenten und begann damit, auch sie sei einer jener Menschen, die „zurecht bei der Geburt hätten getötet werden können". McBryde Johnson schreibt: „Wir reden zehn Minuten lang hin und her, ob ich existieren solle. Ich kann mir nicht helfen: ich bin geblendet von seiner verbalen Leichtigkeit. Er ist so respektvoll, so frei von jeder Herablassung, so auf das Argument konzentriert, dass ich nicht wirklich ärgerlich bin, als die Show vorüber ist. Ja, ich bin erschüttert, wütend, fassungslos – doch vor allem wegen meiner 200 vormaligen Kommilitonen, die mit freundlichem Interesse zuhören, anstatt ihn anständigerweise aus der Stadt zu jagen." (Johnson 2004, S. 207)

Peter Singer vertritt die Ansicht, dass ein Mensch nur dann Anspruch auf ein Lebensrecht habe, wenn er ein Mindestmaß an Intelligenz, Selbstbewusstsein, Zeitgefühl, Erkundungsstreben und Kommunikationsfähigkeit zeige. Menschen mit schwerer Behinderung spricht er das Lebensrecht ab, was er in dem Buch *Praktische Ethik* (1984, 2013) mit seiner Logik begründet: „Der Kern der Sache ist freilich klar: die Tötung eines behinderten Säuglings ist nicht moralisch gleichbedeutend mit der Tötung einer Person. Sehr oft ist sie überhaupt kein Unrecht". (Singer 1984, S. 188)

Singer und seine Gefolgsleute bestreiten die Achtung des Personenwertes des Menschen und verbinden die Ethik mit Glück und Nutzen: Menschen mit schwerer Behinderung haben kein eigenes Recht zu leben, weil die Summe des Glücks größer sei, wenn der schwerbehinderte Mensch getötet werde. Das sei gerechtfertigt, weil er keine Person sei.

Es droht die letzte utilitaristische Konsequenz: Der Mensch mit Behinderung kann als Ballastexistenz der Entsorgung zugeführt werden. Und im Gefolge der biotechnologischen Möglichkeiten und der Fortschritte der Fortpflanzungsmedizin ist der machbare ideale Wunschmensch in den Bereich der Möglichkeiten gerückt.

Singers Utilitarismus (Lehre, die im Nützlichen die Grundlage des sittlichen Verhaltens sieht) glaubt ohne jeden religiösen oder kulturellen Maßstab auszukommen. Hier bricht er völlig bewusst und radikal mit der Auffassung von der Unantastbarkeit der Würde des Menschen. Wir müssen mit großer Bestürzung sehen, dass sein Denken leider„recht breite Zustimmung" erhält. (Haeberlin 2016, S. 19)

1.4 Der therapeutische Erzieher nimmt die Differenz wahr und lernt mit dem hilfebedürftigen Menschen

Berechnende Logik und reduktionistische Betrachtung des Menschen verleugnen das Grundmotiv der Heilpädagogik. In der Erziehung geht es seit eh und je um Leitung, Unterstützung und Begleitung eines Kindes in intersubjektiven Situationen. Verantwortlich handelnde Persönlichkeiten, die für jedes Kind Wege der Hilfe suchen und beschreiten, sind deshalb um einen reinen Begriff von Erziehung und Bildung bemüht. Kinder mit schweren Beeinträchtigungen werden somit zum Prüfstein für die moderne Erziehungs- und Bildungswissenschaft.

Heilpädagogik hat vom unabdingbaren Recht jedes Menschen auf Teilhabe und ein Leben in Würde auszugehen. „Die Würde des Menschen ist unantastbar. Sie zu achten und zu schützen ist Verpflichtung aller staatlichen Gewalt", garantiert unser Grundgesetz. (Art. 1 Abs. 1 GG) In der Verfassungsreform von 1994 wurde auch ein Grundrecht für Menschen mit Behinderung aufgenommen: „Niemand darf wegen seiner Behinderung benachteiligt werden." (Art. 3 Abs. 3 GG) Hier werden die Differenzen zwischen den Menschen rechtlich anerkannt und gewürdigt.

Diese Differenzen bestimmen wir nicht begrifflich, denn dies würde einen Verlust der ursprünglichen Gemeinsamkeit bedeuten, weil definierte Begriffe abgrenzen und das unmittelbare Erfahren des anderen Menschen verhindern oder beeinträchtigen. Es geht darum, Differenzen in der Praxis anzuerkennen und den anderen Menschen anzunehmen, wie er ist. Dies öffnet weite Räume, in denen Differentes geschieht. Anerkennen von Differenzen bedeutet also stets auch Wertschätzung des Anderen.

Wie bereits im Vorwort erwähnt, konnten wir – Arzt, Heilpädagoge, Therapeut, Psychologe, Assistent, Pfleger, Sozialarbeiter – bei Hilfe- und Beratungsgesprächen, an denen Eltern als kompetente Partner teilnahmen, Erfahrungen sammeln und ordnen. Medizinisch-therapeutische und (sozial) pädagogisch-psychologische Reflexionen stärkten die interdisziplinäre Handlungskompetenz. Ein Kompetenztransfer, an dem auch die Menschen mit geistiger, körperlicher Behinderung, mit Sinnesbeeinträchtigung oder emotionalen und kommunikativen Besonderheiten einen nicht wegzudenkenden Anteil hatten, wirkte auf die praktische Arbeit in der Bildungsinstitution der Erlanger Lebenshilfe.

Der heilpädagogische Auftrag ließ Probleme bei Therapie und Erziehung zu Fragen werden und kannte keine untere Grenze der Bildungsfähigkeit. Bei Kindern mit fortschreitenden Erkrankungen war die ethische Verbindlichkeit ärztlich-pädagogischen Denkens und Handelns besonders gefordert.

Beim therapeutischen Erziehen ist das Grundlegende und Unverzichtbare des Erzieherischen zu erhalten und neu zu beleben: Wie kann der Mensch mit einer Behinderung oder Entwicklungsauffälligkeit begleitet und unterstützt werden? Arzt und Erzieher, Therapeut und andere Mitarbeiter sollen der Entwicklung des Kindes dienlich sein, es begleiten, ihm helfend beistehen und sein Wohlbefinden, seine Selbstgestaltung, sein Selbstwirksamwerden und seine Teilhabe ermöglichen.

So ist der medizinisch-pädagogisch diagnostizierte individuelle Unterstützungsbedarf wahrzunehmen und bei einem Kind mit Trisomie 21 (Down-Syndrom) zu beachten:

- Seine Hörstörung (stark verengter äußerer Gehörgang, der zu Schalleitungsstörungen führt und ein lautes sowie deutliches Sprechen der Umgebung fordert, damit Phoneme differenziert werden können),
- seine Sprechapraxie (Schwierigkeiten bei Sprechbewegungen, die dazu führen, das Wort einmal richtig und ein anderes Mal falsch auszusprechen) und
- seine auditive Gedächtnisstörung (beim Erzählen die Folge von Zusammenhängen klar darlegen und den roten Faden behalten).

Syndromspezifische Gegebenheiten weisen hier auf das individuelle Unterstützungsbedürfnis und den individuellen Unterstützungsbedarf hin: Das Kind benötigt für seine Entwicklung und bei seinem Lernen heilpädagogische Professionalität mit „Fachkenntnissen, Engagement und Ideenreichtum" (Stinkes 2014, S. 21), die auf ärztliche, psychologische und sprachtherapeutische Fachkompetenz angewiesen ist. (Wilken 2018)

Diese therapeutische Erziehung ist eine Haltung, die nicht die Lösung für das Kind sondern mit dem Kind sucht, ihm hilft, seinen eigenen Entwicklungsweg zu finden, und ihm durch didaktisch-methodisches Können das Aneignen der Welt der Gegenstände ermöglicht.

1.5 Haltung der Achtung und Ehrfurcht ermöglicht situationsorientiertes Handeln

Beschreibung einer heilpädagogisch-ärztlichen Haltung

Etymologisch weist Haltung auf innere Grundeinstellung hin, die Denken und Handeln prägt. Wer als Arzt, Therapeut, Pädagoge, Psychologe oder Betreuer (Begleiter) in dieser Haltung zu wirken sucht, kann nicht mehr beliebig denken und handeln. Er hat einen wertbezogenen Standpunkt, wird aber auch die Standpunkte anderer gelten lassen. Und er kann durch Reflexion der eigenen Unsicherheiten einen fruchtbaren Selbstbildungsprozess anregen. Auf diese Weise bilden sich Maßstäbe für eine reflexive therapeutische Erziehung.

Therapeutische Erziehung darf nicht wertneutral sein! Will sie ihre Wissenschaftlichkeit mit abstrakten und wertfreien Begriffen beweisen, verliert sie den konkreten Menschen aus dem Blick. Sie ist auf wertende Entscheidungen angewiesen. (Näheres in Klein 2018a, S. 161)

Im Zentrum der Berufsethik steht die Haltung der Achtung, die sich zum Maßstab für ein gutes heilpädagogisch-ärztliches Handeln herausbildet und als wertschätzend, ressourcenorientiert und diversitätsbewusst beschrieben werden kann. (Klein 2018c) Elemente dieser Haltung sind:

- Solidarität mit und Parteinahme für Menschen mit besonderen Bedürfnissen und Bedarfen.
- Wissen und Verständnis um beeinträchtigte oder gefährdete Entwicklungsprozesse, die zu beobachten, zu beurteilen und zu begleiten sind: achtsam und aufmerksam, mit aktivem Interesse gerade auch im Hinblick auf kleinste Veränderungen und Entwicklungsmöglichkeiten.
- Vertrauen und Zuversicht in wahrnehmbares und vermutetes Entwicklungspotenzial, das auch um die Möglichkeiten des Scheiterns weiß.
- Selbstkritische Reflexion und Offenheit für einen interdisziplinären Austausch.
- Fähigkeit zur „Distanznahme" durch die Haltung des Humors, die Heinrich Hanselmann als „inwendige Heiterkeit" beschreibt.

Das Reflektieren der Haltung kann niemandem aufgenötigt werden. Diese professionelle Aufgabe hat jeder selbst zu leisten und mit Emil E. Kobi zu erkennen, dass Erziehung nicht primär eine Tätigkeit bezeichnet, sondern „eine Haltung ist“ (Kobi 2004, S. 73), die nach dem französisch-litauischen Sozialphilosophen Emmanuel Lévinas gegenüber dem anderen Menschen um seinetwillen von Sorge getragen wird. Diese Sorge ist etwas Ursprüngliches, weil sie noch vor dem Miteinander existiert. Tief im Seelischen, im Emotionalen verankert, existiert sie vor dem Handeln und ermöglicht kooperierendes und kommunikatives Tun von der Person aus. (Lévinas 1995) Das lehrt unser Beispiel Martin.

Martins Antlitz können wir nicht ausweichen, sein Gesicht kann uns nicht gleichgültig lassen: Es nimmt uns in den Dienst und in die Pflicht verantwortlich zu handeln, für ihn und mit ihm. Dieses Handlungsmandat überwindet ein idealistisches, neuhumanistisches Bildungsdenken ebenso wie das Machbarkeits- und Verwertungsdenken. Wir sehen den Andern in seiner Leiblichkeit als Subjekt, die Nähe zu seinem Leben und Leiden verpflichtet Arzt und Erzieher zu einer therapeutischen Gemeinschaft. Hier werden Erziehung und Bildung zum Ereignis zwischen Subjekten, zu Ort und Träger einer Begegnung zwischen Menschen. Martin und wir leben und entwickeln uns in der Sphäre des Zwischen, die ohne Sinn nicht denkbar ist. (Buber 1986)

Zuerst wirkt das Sein des therapeutischen Erziehers, sein Tun kommt an zweiter Stelle, dann das, was er redet. An dieser philosophisch-pädagogischen Weisheit kann jeder seine Professionalität als nie endende Aufgabe prüfen, als Selbsterziehung und Selbstbildung.

Haltung und Handlung gründen in der „Ehrfurcht vor dem Leben“

Albert Schweitzer, Arzt und Theologe, Gründer und Erbauer des afrikanischen Krankenhauses Lambarene vor über 100 Jahren, hat „Ehrfurcht vor dem Leben“ gelebt. (Klein 2018a, S. 44 f.) In seiner Kulturphilosophie hat er offengelegt, wie er sich angesichts der Probleme und Konflikte in der Welt bedroht fühlte: Seinem Willen zum Leben drohte „Sebstentzweiung“. (Schweitzer 2007, S. 315) Um diesen Widerspruch aufzulösen, kam er zur Ethik der Tat mit Ansprüchen an die eigene Lebensführung.

„Ehrfurcht vor dem Leben [...] ist die unmittelbarste und zugleich tiefste Leistung“ des menschlichen Willens zum Leben. „In tiefer Ehrfurcht vor dem Leben macht er (der wirkende Wille; Anm. d. Vf.) das Dasein, das nach gewöhnlichen Begriffen in keiner Weise mehr lebenswert ist, dadurch kostbar, dass er auch in ihm die Freiheit von der Welt erlebt. Stille und Friede gehen von diesem Menschen auf andre aus." (Schweitzer 1923, S. 212)

Der hier hervortretende Wille zur Welt- und Lebensbejahung ist elementar. Darin drückt sich jene Freiheit des Menschen aus, zu der er bestimmt ist. Aus dieser Bejahung entsteht eine Ethik der Verantwortlichkeit für das Leben, für das leidende und das tätige Leben. Das ist die unmittelbarste und tiefste Leistung des Lebenswillens: *Schweitzers universelle ethische Haltung erwächst aus einer tief verwurzelten Lebens- und Weltbejahung. Als Vorbild fühlte er sich für die alltägliche einfache Arbeit nicht zu schade.*

Schon in jungen Jahren sah Schweitzer seine Aufgabe darin, für andere Menschen Gutes zu tun. Allein die Besinnung auf das ihm selbst widerfahrene Glück führte ihn zur Einsicht, dass jeder das Gute, das er empfängt, an andere Menschen weitergeben müsse. Mehr noch: Schweitzer staunte und erkannte, dass die Hingabe für den anderen Menschen ein größeres Glück bedeutet, als sich unablässig um das eigene Wohl zu kümmern. (Klein 2018a, S. 50)

Für Albert Schweitzer werden die Menschen der Zukunft jene sein, die ihre Herzen in den Gedanken sprechen lassen. Seine Ethik wurde unter schwierigsten Lebens- und Arbeitsbedingungen im Urwald aus der Kraft des Herzens geboren. (ebd., S. 51)
Sie hat auf alle Widerstände bis heute erfolgreich geantwortet, weil ein guter Geist stärker ist als alle von außen kommende Macht. Schweitzers Handlungsethik, seine Lehre vom rechten Wollen und Handeln des Menschen ermutigt und überwindet „lähmende Angst, unter deren Einfluss kein Mensch etwas Gutes bewirken kann, sondern letztlich nur hassen und verachten". (ebd., 51 ff.)

Zu diesem vorbildhaften Denken gibt es kritische Gegenstimmen, die meinen, in Schweitzer ein Vorbild zu sehen sei doch nur eine Art pädagogischer Lebertran, den jeder mit Widerwillen schluckt. Das mache unsicher, reizbar und fordere auf erdrückende Weise den Menschen heraus, weil er ihm doch nicht folgen könne. Vorbilder seien nur „prunkvolle Nutzlosigkeiten" und „Fanfarenstöße einer verfehlten Erziehung". Deshalb gehörten sie auf den „Speicher der Vergangenheit". Jeder solle vielmehr sein eigenes Vorbild werden, wenn er nur die Chance erhielte, sich selbst zu verwirklichen.

Dieser harschen Kritik hätte Albert Schweitzer zugestimmt, denn er verstand sich nicht als maßgebende moralische Persönlichkeit, die bewundert sein wollte. Er lehnte eine Heldenverehrung ab. Schweitzer handelte aus „innerer Notwendigkeit", ohne Rücksicht darauf, ob sein Tun Anerkennung fand oder nicht. Er verstand sich nicht im gewöhnlichen Sinne als Wegweiser, der den Weg vorgibt. Vielmehr zeigte er, wie jeder sich auf das Wesentliche seines Lebens und seiner Profession besinnen und seinen Weg aus selbst gewählter Verantwortung suchen, finden und beschreiten kann. Seine Haltung der Ehrfurcht vor dem Leben ist eine einfache und moderne Option, weil sie allumfassend ist: Sie kann von jedem Menschen, gleich welcher Herkunft, Nation oder Region, verstanden und gelebt werden. Seine Ethik macht Mut, kann anspornen und das Leben bereichern. Sie kann gerade heute die Richtung für eine gesunde Erziehung in einer immer komplexer werdenden Welt mit all ihren Konflikten weisen.

Die Haltung der Ehrfurcht vor dem Leben kann der therapeutische Erzieher mit „Inwendiger Heiterkeit" pflegen, die Heinrich Hanselmann beschreibt: „Inwendige Heiterkeit ist das beste und verlässlichste Gut, das der Mensch in dieser Welt erwerben kann. Er kann sie mitbringen, wohin ihn das Leben führt; selbst im Armenhaus kann sie ihm niemand nehmen; weder Mode noch irgendeine Polizei kann sie verbieten. Die inwendige Heiterkeit macht weit und führt hinaus über das Ich, zu andern hin und auch über die andern hinaus." (Hanselmann 1931, S. 52)

Kapitel 2: Medizinisch orientierte Heilpädagogik, Sozialpädiatrie und Kinderpsychiatrie

2.1 Zum interdisziplinären Arbeitsfeld

Im Arbeitsfeld des Heilpädagogen und Arztes stehen wir zunächst oft mit leeren Händen da und können nicht sofort entscheiden, wie zu handeln ist. Da gibt es ganz verschiedene Meinungen, wie einem Menschen mit Beeinträchtigung am besten zu helfen sei. Vor allem gibt es viele Besserwisser. Eine indische Fabel charakterisiert die Situation: Drei Blinde stritten miteinander, wie ein Elefant aussähe. Als sie nicht einig werden konnten, sprach der Eine: „Wozu das unnütze Wortgefecht! Gehen wir doch einfach hin und betasten den Elefanten. Dann werden wir wissen, wie er beschaffen ist!" Die anderen stimmten zu und sie gingen hin, den Elefanten mit den Händen abzutasten. Bald rief der Eine: „Es ist ganz klar. Der Elefant ist eine raue, borstige Kugel." „Aber das ist doch absolut nicht wahr!", entgegnete der Zweite, „ein langes, weiches Rohr ist er." „Ganz im Gegenteil", schrie der Dritte. „Wie ein harter, glatter Dorn greift er sich an." Und nun begannen sie erst recht, miteinander zu streiten: Der Eine hatte nämlich den Rücken, der Zweite den Rüssel, der Dritte den Zahn betastet. Sie wurden sich nicht einig, weil keiner das Ganze, sondern jeder ein anderes Stück begriffen hatte. (Bauer, M. 2005, S. 134)

Heilpädagogische Wirklichkeit ist äußerst komplex und vieldeutig. Sie entzieht sich dem Zugriff durch eindeutige Begriffe, und definierte Fachsprache vermag das erzieherische Geschehen in seiner Gesamtheit nicht hinreichend zu fassen. Gleichwohl können wir die Wirklichkeit des Erziehens sprachlich schildern, sofern wir nur die Gesichtspunkte der Anderen, des Kindes, der Eltern und der Fachleute, angemessen beachten, jeweils von der praktisch aufgegebenen Situation ausgehend.

Mit Blick auf die Geschichte ist die sich bildende Zusammenarbeit von Arzt und Erzieher gut zu erkennen: Der Erzieher kann und soll seinen Standpunkt von dem des Arztes aus, der Arzt den seinen von dem des Erziehers aus im offenen Dialog zum Wohl des Menschen mit Beeinträchtigung kritisch prüfen. Der Arzt und der Erzieher erstreben dann gemeinsam das notwendige Handeln.

In dieser Arbeitsgemeinschaft, die Paul Moor als „Begegnung von Mensch zu Mensch" bezeichnet, sind zunächst biologisch-medizinische Befunde wichtige Voraussetzungen für eine der Entwicklung angemessene Unterstützung. Bei Maßnahmen, die weder über- noch unterfordern dürfen und sich stets zurücknehmen, wenn das Kind aus eigenem Wollen aktiv ist, wird der Arzt unmerklich zum Erzieher:

„Der Arzt verspürt, wie sich die seelische Entwicklung und Reifung des Kindes unter dem Einfluss dieser Begegnung vollzieht, spürt die darin enthaltene Verantwortung, richtet sein eigenes Verhalten vor den Augen des Kindes, sein ärztliches und nicht-ärztliches Tun und Lassen danach ein und wird so zum Erzieher [...].“ (Moor 1999, S. 126)

2.2 Beziehungen zwischen Heilpädagogik und Medizin

Wie eine historische Betrachtung zeigt, ist die medizinische Sichtweise für die heilpädagogische Praxis in folgenden Bereichen von Interesse:

- *Aufklärung und Beratung* über fachspezifische Erkenntnisse (zum Beispiel bei Kindern mit Epilepsie oder neuropsychiatrischen Erkrankungen) lassen pädagogisch bedeutsame Phänomene erkennen und eröffnen neue Perspektiven.
- *Diagnosen* zeigen medizinisch-neuropsychologische Ursachen, Symptome und Entwicklungsaussichten. Sie vermitteln Ansätze für situationsorientiertes pädagogisches Handeln.
- *Therapie* kann das Ziel haben, ein Erziehungsgeschehen in Gang zu bringen und zu begleiten.

Die Medizin ergänzt und vertieft also pädagogisches Handeln, das aus Erziehung, Unterricht und Therapie besteht. Dies zeigen beispielhaft die anthroposophische Heilpädagogik, Medizin und Sozialtherapie.

Rudolf Steiner (1861-1925), Begründer der Waldorfschulen und von heilpädagogisch-sozialtherapeutischen Einrichtungen, sieht die Hauptaufgabe der Erziehung darin, den Organismus des Kindes und Jugendlichen so gesund wie nur möglich zu erhalten, weil die Entwicklung des Denkens, Fühlens und Wollens mit Prozessen im menschlichen Organismus eng verbunden sei. Der Schwerpunkt der Entwicklung in den ersten sieben Lebensjahren liege vor allem im Körperlichen, besonders im Sinnesbereich. Seelisch-geistige Erlebnisse und Erfahrungen hinterließen tiefe Spuren und könnten die weitere Entwicklung der Individualität entscheidend beeinflussen. Im Vortrag „Die Kunst, ein Kind zu erziehen“ betont Steiner, dass Erziehung die leiblichen Vorgänge sorgfältig zu beachten, eine freie, harmonische und gesunde Entwicklung so gut wie nur möglich zu gestalten habe.

Die von Steiner ausgehende *„heilende Erziehung"* hat ihre Grundlage im Menschenbild der Anthroposophie: Menschen mit Behinderung sind Seelenpflege-bedürftig („SEELENPFLEGE" wollte Steiner groß geschrieben wissen, um ihre Bedeutung für die Entwicklung hervorzuheben). Im Verständnis der anthroposophischen Heilpädagogik offenbaren Kinder durch die Art ihres Lernens und ihrer Begegnungen mit Menschen sowie in der Auseinandersetzung mit der Umwelt den Stand ihrer seelischen Entwicklung und damit auch ihre individuellen Bedürfnisse. Der anthroposophische Erzieher und Sozialtherapeut begegnet jedem Kind, ganz gleich wie schwierig es ist, mit Ehrfurcht und Dankbarkeit. Aus einer wohlwollenden Grundstimmung heraus kann er seine Erziehungskunst entwickeln und intuitiv für jedes Kind die am besten geeignete Umgebung schaffen. So räumt er Hindernisse aus dem Weg, damit sich Denken, Fühlen und Wollen nach den im Körperlichen veranlagten Fähigkeiten frei entwickeln.

Das ganzheitliche und konkrete Entwicklungsverständnis führt zu einer umfassenden sozialpädiatrischen Gesundheitslehre, die gleichzeitig eine pädagogische Gesundheitslehre ist.

2.3 Ärzte als „Klassiker“ der Heilpädagogik

Der Pädagoge Eduard Spranger bezeichnet als klassisch, was „nicht totzukriegen“ sei. Klassiker sind demnach Menschen, welche die Zeit überdauern. So sind manche Ärzte mit der Geschichte der Heilpädagogik unzertrennlich verbunden. (Klein 2015, 77 ff.) Nur einige können hier exemplarisch erwähnt werden.

Der Kinderpsychiater **August Homburger** (1873-1930) definierte in den „Vorlesungen über Psychopathologie des Kindesalters“ (1926) Heilpädagogik als „Lehre von der Verknüpfung der Erziehung und des Unterrichts mit Maßnahmen, welche auf Heilung, Besserung und Ausgleich seelisch-gesundheitlicher Mängel abzielen“, insbesondere bei schwachsinnigen, mindersinnigen Kindern und bei solchen mit abnormen Charakteranlagen. (nach Kobi 1994, S. 129)

Rudolf Allers (1883-1963), ein österreichischer Kinderpsychiater, sprach von Heilerziehung bei Kindern mit abwegigem Charakter: „Die Erziehung der zwar abwegigen aber hirngesunden, vollsinnigen und körperlich normalen Kinder und Jugendlichen ist ein Teil dessen, was man gemeinhin unter dem Titel der ‚Heilpädagogik‘ zusammenfasst. Dieser Teil ist sogar derjenige, der allein auf den Namen einer Heilerziehung Anrecht hat. Denn Heilen kann nur besagen wollen: Wiederherstellung des Normalen; dabei kann die erreichbare Wiederherstellung eine vollkommene sein – restitutio ad integrum – oder eine, wie die Klinik sagt, ‚Heilung mit Defekt‘.“ (Allers, zit. n. Kobi 2004, S. 131)

Jean Marc Gaspard Itard (1774-1838), als Arzt seit 1800 Direktor des Pariser Taubstummen-Instituts, nahm sich eines Jungen von etwa elf oder zwölf Jahren an, den man in abgelegenen Wäldern Südfrankreichs, im Départment Aveyron aufgefunden hatte. Er war völlig nackt und ernährte sich von Eicheln und Wurzeln. Itard erklärte sich sofort bereit, ihn im Auftrag der Regierung zu fördern. Bei der Erziehung ging er davon aus, dass Victor, wie er ihn nannte, nicht von Geburt an schwachsinnig sein könne, da er Gewohnheiten eines völlig vereinsamten Lebens zeige. Itard dokumentierte sorgfältig sein Erziehungsprogramm, das er in fünf Gesichtspunkte gliederte:

- Victor für das Leben in der Gemeinschaft gewinnen, indem ihm das Leben angenehmer gestaltet wird als das, welches er bisher geführt hatte; gleichzeitig soll es aber auch dem Leben ähnlich gestaltet werden, das er verlassen hat.

- Die Sensibilität seiner Nerven durch kräftiges Stimulieren wecken.
- Seinen Gedankenkreis erweitern, indem für ihn neue Bedürfnisse geweckt und seine Beziehungen zur Umwelt vermehrt werden.
- Ihn zum Gebrauch der Sprache führen, bei dem das Einüben der Nachahmung durch das Gebot der Notwendigkeit bestimmt wird.
- Eine Zeit lang die einfachsten Geistestätigkeiten an den Gegenständen seiner körperlichen Bedürfnisse üben und sie dann auf andere Lerngegenstände ausdehnen. (Klein 2015, S. 80)

Itard gewann seinen Schüler **Édouard Séguin** (1812–1880) für die Erziehung geistig behinderter Kinder, die man damals Idioten nannte. Séguin, Arzt und Taubstummenlehrer, war von den Idealen der bürgerlichen Revolution Frankreichs geprägt und gründete 1839 in Paris die erste Bildungseinrichtung für Menschen mit geistiger Behinderung.

Séguin erarbeitete auf der Basis von Menschen- und Bürgerrechten eine umfassende medizinisch-pädagogische Bildungskonzeption. Es ging ihm um das Recht auf Erziehung und Bildung für alle Menschen – ohne Ausnahme. Kein Mensch dürfe vom Erziehungs- und Bildungsprozess ausgeschlossen werden. Bildung habe das Ziel der sozialen Eingliederung aller Menschen, die „Herstellung der Einheit des Menschen in der Menschheit." (Séguien, zit. n. Klein 2015, S. 80) Scharf wandte sich Séguin gegen jede Praxis des Fesselns und Einsperrens.

Séguin legte großen Wert auf das Üben des Willens, das mit lebenspraktischen Tätigkeiten wie Aufstehen, Waschen, Körperpflege oder Essen vorbereiten verbunden war. Die Erziehung durch andere Kinder stellte Séguin wiederholt als eine wichtige Triebkraft heraus. Séguin betonte:

- Was wir nicht befehlen können, wird ein anderes Kind anregen.
- Was wir einem Kind nicht erklären können, wird es bei einem anderen nachahmen.

Die Ärztin und Pädagogin **Maria Montessori** (1870-1952) hat die Werke beider Autoren sorgfältig studiert, deren Übungsmaterialien erprobt und systematisch weiterentwickelt. Von 1898 bis 1900 leitete sie in Rom eine Klasse mit geistig behinderten Kindern und übertrug die dort gewonnenen Erkenntnisse auch auf nicht behinderte Kinder. (Klein 2015, S. 129 ff.)

Janusz Korczak (1878-1942), Arzt, Pädagoge und Schriftsteller, lernte in seiner heilpädagogischen Praxis mit Urteilen über ein Kind zurückhaltend zu sein – obwohl er täglich mit Kindern zusammenlebte, sie bei Krankheiten, Auffälligkeiten und seelischem Kummer betreute, mit ihnen Freude und Schmerz teilte. (Klein 2018a, S. 57 ff.) Er sagt sinngemäß: Wir kennen das wirkliche Kind nicht wirklich, weil wir dazu neigen, es mit abstrakten Begriffen zu erfassen. Wir meinen, ein sicheres Urteil über ein Kind bilden zu können und sind überrascht oder gar enttäuscht, wenn es sich anders verhält, als wir erwarten.

Korczaks Ethik der Achtung und Verantwortung lehrt, dass in schöpferischer Ungewissheit des medizinisch-pädagogischen Urteils eine moderne Heilpädagogik immer wieder neu zu entwerfen ist, die abstrakte Begriffe für Wissen und Berechnen meidet. Wenn Menschen Vorstellungen von Brauchbarkeit und gesellschaftlichem Nutzen entwickeln, führt der Weg in eine Krise der Humanität, wie die aktuelle bioethische Diskussion zeigt (siehe Seite 26f.).

Auch im Warschauer Ghetto blieb Korczak ein scharfer Beobachter von kleinsten, ja winzigsten Erscheinungen im Leben der Kinder. Dies half ihm, große und kleine Probleme zu erkennen, die mit dem Wohlbefinden der Kinder zusammenhingen.

Korczak lebt und leidet für den Anderen, er tut Gutes. Seine Ghetto-Aufzeichnungen von 1942 lassen die Ethik der bedingungslosen Verantwortlichkeit und Sorge für den Nächsten erspüren, was nach Emmanuel Lévinas eine ganz ursprüngliche Verantwortung bedeutet. Diese ist nicht einfach logisch oder rational hergeleitet, sondern entspringt einer tiefen Schicht der menschlichen Seele, steht vor jeder Reflexion und bewussten Entscheidung. (Klein 2018b, S. 117 ff.)

Am 5. August 1942 weist Janusz Korczak mehrere Angebote zu seiner Rettung als „nichtswürdige Vorschläge" entschieden zurück und stellt die Frage: „Wie kann ich die Kinder angesichts des Todes im Stich lassen?" Sein Leben erschöpft sich nicht im Gegebenen, sondern offenbart vielmehr einen Sinn für das Mögliche.

Hans Asperger (1906-1980), Leiter der Universitäts-Kinderklinik in Innsbruck und später in Wien, sieht Heilpädagogik als Wissenschaft und Praxis, die Pädiatrie, Psychiatrie, Psychologie, Sozialwissenschaft und Pädagogik umfasse. Aufgrund besonderer Bedingungen sei sie ein organisch gewachsenes und eigenständiges Integrationsfach geworden, das bei fundierter Kenntnis der biologischen Grundlagen „vornehmlich pädagogische Wege zur Behandlung intellektueller und Sinnesdefekte, nervöser und seelischer Störungen des Kindes- und Jugendalters sucht." (Asperger 1968, S. 1)

In seinem Buch „Heilpädagogik" spricht der Arzt von einer umfassenden Hilfe durch rechte Menschenführung, die sich aus sorgfältiger Kenntnis der Persönlichkeitsstruktur ergebe. Bei pädagogischer Therapie sei „Menschenkenntnis das Fundament der Heilpädagogik." (ebd., S. 6) Wir müssten aus dem „besonderen Wesen der Kinder den besonderen pädagogischen Weg zu finden" versuchen. (ebd., S. 194) Auch bei Kindern mit primär körperlichen Erkrankungen spiele „das Erzieherische, das Halten und Führen" eine sehr wichtige Rolle, ja es könne „über Leben und Tod entscheiden." (ebd., S. 3) Im Begriff der Heilpädagogik wird für Asperger deutlich, „dass nur das Pädagogische, im weitesten Sinn freilich, imstande ist, einen Menschen wirklich zum Besseren zu verändern, aus den verschiedenen Entwicklungsmöglichkeiten des Kindes durch überlegene Menschenführung die beste auszuwählen". (ebd., S. 4) Jedes Kind stelle der heilpädagogischen Methode eine ganz spezifische Aufgabe: „Die Frage, wer am ehesten zu dieser Arbeit berufen sei, der Psychiater oder der Kinderarzt, der Psychologe, die Fürsorgerin oder der Lehrer, ist nicht allgemein zu beantworten. Sicher muss der Heilpädagoge, von welchem Fach immer er ausgehen mag, sich auch aus den anderen Fächern Wissen erarbeiten – wohl ihm, wenn dieses Wissen weit über das Dilettantische hinaus tiefgründig und umfassend wird!" (ebd., S. 5)

Heilpädagogische Arbeit könne nur dann fruchtbar werden, wenn die fachlich verschieden ausgebildeten Menschen des „Teams" sich gegenseitig vertrauensvoll Anregungen vermittelten. Keine der oben angeführten „Quellwissenschaften" dürfe eine eigene „Position im Streit gegen andere zu verteidigen trachten." (ebd., S. 1)

Asperger hat 1944 erstmals eine spezielle Gruppe von Kindern beschrieben, die er als autistische Psychopathen bezeichnete. Heute spricht man vom Asperger-Autismus, einer tiefgreifenden Entwicklungsstörung. Diese betrifft den Kontakt zu Menschen und Dingen. Bei durchschnittlicher bis hoher Intelligenz erleben sich die Kinder nicht als Teil eines sozialen, gemeinschaftsbezogenen Organismus. Ihr Bezug zur Umwelt ist gestört, eingeengt, selbstbezogen. Sie können sich nicht in andere Menschen versetzen und auf diese eingehen. Ihr Gefühlsleben wirkt disharmonisch und im oft angstvollen Verhalten fehlt die affektive Beteiligung. Wie kann diesen Kindern durch therapeutische Erziehung geholfen werden?

Der wohl wichtigste Hinweis für den therapeutischen Erzieher ist nach Aspergers breiten Erfahrungen, dem Kind mit all seinen Schwierigkeiten in einer optimistischen und zuverlässigen Haltung zu begegnen, damit „erzieherisches Wirken nicht ins Leere" stößt. Gefordert werde ein „leidenschaftlicher Wille, gestaltend in ein fremdes Schicksal einzugreifen, sich wirkend in eine Situation, die aus endogenen und exogenen Ursachen so geworden ist, wie sie einmal ist, hineinzustellen und nun selbst ein bedingender Faktor zu sein." (ebd., S. 298) Dabei „genügt nicht eine schwächliche Liebe, welche in den entscheidenden Augenblicken nicht einzugreifen wagt. Es genügt aber auch nicht die kalte Überlegenheit, welche wohl einmal gewisse Dressurerfolge erzielen kann, aber doch letztlich nicht fruchtbar wird, weil sie nicht jene echten Bindungen schafft, welche allein einem Kind zu höherer Persönlichkeitsintegration verhelfen." (ebd., S. 298)

Asperger spricht dabei den Erkenntniswert des Fühlens an: Der gute Erzieher benötige neben fundiertem Wissen auch viel Gefühl. Einfühlendes Wissen um die Seele des Kindes helfe beim Diagnostizieren und ein entwicklungsbezogenes Handeln setze intuitives Eingehen auf tiefere Schichten der kindlichen Seele voraus. Wer sich als Erzieher um solch einfühlendes Erkennen bemühe, sei eine „hochintegrierte, geistgeleitete Persönlichkeit", die „Mut zum Dienen" zeige und „nicht dadurch beirrt wird, dass so vieles, was getan wird, umsonst getan scheint. So leidenschaftlich sich der Erzieher für das, was ihm vorschwebt, einsetzen muss, er muss auch lernen, sich zu bescheiden." (ebd., S. 298)

Eine große Gefahr drohe dem therapeutischen Erzieher, wenn sein Handeln zur Routine, zur Gewohnheit werde. Dann könne der Augenblick nicht mehr neu sein, „gemäß den Gegebenheiten der einmaligen Individualität des Kindes und den Gegebenheiten des einmaligen Augenblicks, der da immer der ‚rechte Augenblick' sein muss. Diese Fähigkeit des Erziehers, sich immer wieder zu erneuern [...] gehört zu dem Schwierigsten, was von einem Erzieher zu verlangen ist. Sie allein macht seine Arbeit wirklich fruchtbar." (ebd., S. 299)

Diese reflexive therapeutische Erziehung „ruft beim Kind und beim Erzieher die eigenen Kräfte auf." (ebd., S. 300) Durch aufgabenbezogene Tätigkeiten, die Denken und Fühlen der Entwicklung entsprechend fordern, wird das Kind zu einem „erfüllten Leben" geführt und kann im Rahmen seiner Fähigkeiten Verantwortung für sich und für andere übernehmen. (ebd., S. 301)

Asperger, der seine berufliche Karriere in der NS-Zeit ungebrochen fortsetzen konnte, war offenbar nicht in der Lage, sich den Forderungen des Regimes zu entziehen oder gar entgegenzustellen; die moderne medizinhistorische Forschung hat beispielsweise nachgewiesen, dass er von der Euthanasie behinderter Kinder im „Spiegelgrund" wusste und keine eindeutige Stellung gegen rassenpolitische Anschauungen bezog.

Er scheint einen Mittelweg gegangen zu sein zwischen Distanz zum neuen Regime und gewissen Anpassungsleistungen, die auch im Zusammenhang mit dem stark nationalsozialistisch geprägten Umfeld in der Kinderklinik zu sehen sind. (Berger 2017, Czech 2015, Fangerau/Topp/Schepker 2017) Seine Aussagen zur therapeutischen Erziehung haben jedoch weiterhin Gültigkeit.

Hans Müller-Wiedemann (1924-1997), Arzt und Heilpädagoge, begegnete nach einem Studium bei dem Psychiater Ernst Kretschmer und vor allem beim Begründer der medizinischen Anthropologie Viktor von Weizsäcker der Anthroposophie Rudolf Steiners und ging nach Schottland in die heilpädagogischen Siedlungen der Camphill-Bewegung, um vor allem bei ihrem Gründer, dem Arzt und Heilpädagogen Karl König mitzuarbeiten. Ihm widmete er eine umfangreiche Biographie.

Nach dem Aufbau mehrerer heilpädagogischer Heime in Südafrika kam er in den sechziger Jahren nach Deutschland, wo er die Camphill-Schulgemeinschaft Brachenreuthe am Bodensee leitete und eine reiche wissenschaftliche Tätigkeit entfaltete, durch Beiträge zur heilpädagogischen Gemeinschaft, zur heilpädagogischen Haltung, zur inklusiven Erziehung, zum Phänomen Autismus sowie zur Kinderbesprechung und -konferenz.

Müller-Wiedemann hat seine Gedanken nicht nur theoretisch formuliert, sondern mit Kindern in therapeutischer Gemeinschaft realisiert und weiterentwickelt. Sein Bemühen um autistische Kinder zeigt dies exemplarisch.

Zunächst habe der Erzieher in einer Haltung der Offenheit den gemeinsamen Handlungsraum aufzubauen: „Jedes Lernen muss sich zunächst auf eine gemeinsame Welt als eine Art Grundverhältnis beziehen können. Wenn das nicht der Fall ist, sind Lernen, Nachahmung, Übernahme von und Teilnahme an etwas nicht möglich und das Leben besteht in lauter unverbundenen Äußerlichkeiten." (Müller-Wiedemann 1981, S. 149) Durch heilpädagogische Hilfe sind bei Kindern mit Autismus (Autismus-Spektrum-Störung; ASS) im gemeinsamen Raum, in der gleichwürdigen Begegnungs- und Handlungswelt folgende drei Ziele anzustreben und zu verwirklichen:

- Dem Kind ermöglichen, sich selbst gegenüber der Welt erleben zu lernen.
- Dem Kind helfen, dass es Initiativen entfaltet, die in einem sinnvollen Handlungsraum verstehbar und akzeptierbar werden.
- Das Kind zu einem Symbolverständnis führen, damit es sich an Symbolen orientieren kann.

Bei der Erziehung der Kinder ganz allgemein und besonders bei Kindern mit Autismus ist eine Strukturierung und Visualisierung des Raumes und der Zeit geboten. (Klein 2018b, S. 174; Klein 2015, S. 31)

- *Strukturierung und Visualisierung des Raumes:* Orientierung im Raum fällt dem Kind deutlich leichter, wenn ihm klar ist, was an welchem Ort erwartet wird und was es dort tun kann. Schon mit einfachen Hilfsmitteln wie Klebebändern, Bildern, Piktogrammen, Schildern oder Fotos kann dem Kind im Raum eine sichere Orientierung gegeben werden.

- *Strukturierung und Visualisierung der Zeit:* Kinder fühlen sich in vorgegebenen Zeitstrukturen wohl. Sie wollen wissen, wann etwas beginnt, wann es aufhört und was danach kommt. Es gibt sehr viele Möglichkeiten die Zeitverläufe visuell darzustellen. In der strukturierten Zeit können Aufgaben in kleinere Handlungsschritte gegliedert werden. So kann die Darbietung einer Geschichte durch eine Abfolge von gut unterscheidbaren Bildern, Symbolen oder Zeichnungen unterstützt werden. Der TEACCH-Ansatz und seine Abwandlungen bieten vielfältige Anregungen. (Klein 2012, S. 131 ff.; Häußler 2016) [4]

Müller-Wiedemanns therapeutische Erziehung gründet auf dem Menschenbild der Anthroposophie, ist aber auch der medizinischen Anthropologie Viktor von Weizsäckers verpflichtet, der den Menschen als bio-psycho-soziale Einheit verstand und im Gestaltkreis (Zeitkreis) auf die psychophysische Wechselwirkung zwischen Ich, Umwelt und Organismus hinwies. Es gehe ums Ausgleichen, wie wenn ein Kapitän sein Schiff nach Wellenbewegungen lenke: Er sei bemüht, die Bewegung der Wellen durch die des Schiffes nachzuahmen, eine Spannung zwischen Sein und Sollen in Einklang zu bringen – was gelingen oder misslingen könne. Es bleibt weiterhin der Wissenschaft und Praxis die Aufgabe zu klären, ja zu enträtseln, wie Körperliches, Seelisches, Geistiges und Soziales eng miteinander verflochten sind und sich gegenseitig durchdringen.

4 Der Name TEACCH leitet sich von den Anfangsbuchstaben der wichtigsten Komponenten des Ansatzes ab: Treatment and Education of Autistic and Related Communication handicapped CHildren (Behandlung und pädagogische Förderung autistischer und in ähnlicher Weise kommunikationsbehinderter Kinder).

2.4 Sozialpädiatrie und Kinderpsychiatrie

Welche Bedeutung die Lebensumstände für Entwicklung und Gesundheit des Menschen haben, ist vor allem zur Zeit der Aufklärung erkannt worden.

Johann Peter Frank (1745-1821), ein Begründer der sozialen Medizin, hat in seinem Aufsehen erregenden Werk „System einer vollständigen medicinischen Polizey" ausgeführt: „Das Elend des Volkes ist die fruchtbarste Mutter aller Krankheiten." Er unterbreitete und begründete viele noch heute aktuelle Vorschläge, um ungünstige Lebenssituationen zu ändern. In der Praxis konnte er allerdings nur wenige durchsetzen.

Edward Jenner (1749-1823) hat durch künstliche Infektion mit Kuhpocken, die erste wirksame Maßnahme zur Bekämpfung einer gefährlichen Viruskrankheit gefunden und diese primäre Prävention am eigenen Kind praktiziert. Daraus resultierte eine verpflichtende Schutzimpfung, die zur Ausrottung der Pocken führte. Ein weiterer Vorkämpfer für soziale Medizin war

Christoph Wilhelm Hufeland (1762-1836), dessen Monographie „Die Kunst, das menschliche Leben zu verlängern" 1797 erschien und weite Verbreitung erfuhr; sein Werk hat das präventive Denken stark beeinflusst. Hufeland gab viele Hinweise für ein gesundes Verhalten, die unverändert gültig sind. In der Aufklärungsschrift „Guter Rath an Mütter über die wichtigsten Punkte

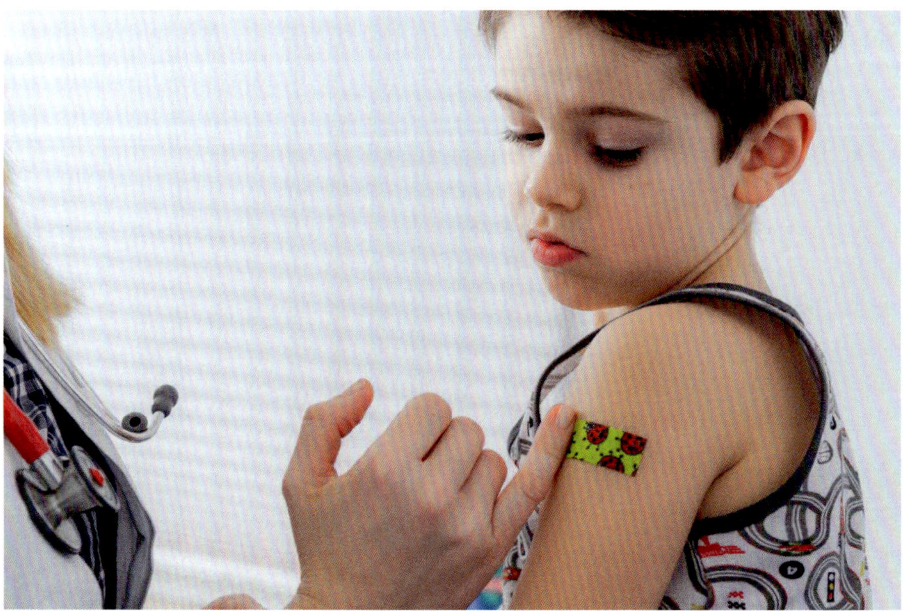

der physischen Erziehung der Kinder in den ersten Jahren" ermunterte er zu vernunftgemäßer Pflege und Abhärtung nach dem Motto „Verhüten ist besser als heilen".

Im 19. Jahrhundert gab es somit schon erste Ansätze zur Entwicklung einer sozialen Kinderheilkunde. Mit der besseren Ernährung und wirksamen Bekämpfung von Infektionskrankheiten ging die Kindersterblichkeit damals zurück und die Lebenserwartung nahm deutlich zu. Fortschritte in Diagnostik und Therapie begründeten die Eigenständigkeit der Kinderheilkunde.

Die **Soziale Pädiatrie** ist untrennbar mit der Kinderheilkunde verbunden. Sie bemüht sich vor allem um einen guten Schutz von Säuglingen und Kleinkindern. Dass zu den kinderärztlichen Aufgaben pädagogische Aspekte gehören müssen, zeigte der damals in Breslau, später in Berlin tätige Pädiater **Adalbert Czerny** (1863-1941) mit der Publikation seiner Vorlesungen „Der Arzt als Erzieher des Kindes" (1908, 11. Auflage 1946). Ein weiterer Wegbereiter war **Stefan Engel** (1878-1968), der am „Handbuch der sozialen Hygiene und Gesundheitsfürsorge" mitarbeitete und viele Initiativen anregte.

In der Zeit des Nationalsozialismus wurde zwar das Wohl von Kindern wegen ihres „Wertes für das Volksganze" als wichtig erachtet, allerdings führte die ideologische Verblendung dazu, dass vielen Kindern, die den „rassehygienischen" Vorstellungen nicht entsprachen, unermessliches Leid zugefügt wurde. Da sich zahlreiche jüdische Kinderärzte in der sozialen Medizin bzw. Sozialhygiene engagiert hatten und nach den „Rassegesetzen" wegen Verfolgung, Emigration oder Ermordung nicht mehr tätig sein konnten, kam damals die Bewegung der sozialen Pädiatrie fast zum Stillstand. Das einzelne Kind wurde dem „Volksganzen" untergeordnet.

Der Begriff **Sozialpädiatrie** kennzeichnet einen besonderen Aspekt der Kinderheilkunde und seit jeher eines ihrer wesentlichen Anliegen. Schon Engel hatte festgestellt: „Jeder Kinderarzt, der seine Aufgabe voll erfasst, muss gleichzeitig Sozialarzt sein." Beobachtungen und Untersuchungen von Hellbrügge und von Pechstein (1950-1960) belegten eindrücklich die Bedeutung von sozialen Einflüssen und Umweltbedingungen für die kindliche Entwicklung: Ungünstige Voraussetzungen in Heimen führten nicht selten zu bleibender Beeinträchtigung (Deprivations-Syndrom) und konnten durch heilpädagogische Maßnahmen nur teilweise kompensiert werden. Dies schärfte den Blick für die Bedeutung sozialer Faktoren beim Entstehen von Entwicklungsstörungen.

Die Besonderheit psychischer Störungen im Entwicklungsalter begünstigte mit der Einrichtung spezieller Stationen und Abteilungen in Kinderkrankenhäusern, häufiger noch in Psychiatrischen Kliniken die Spezialisierung zur **Kinder- und Jugendpsychiatrie**.

Im von der Reformpädagogin **Ellen Key** 1900 ausgerufenen „Jahrhundert des Kindes" gab es zahlreiche neue Impulse: Durch Fortschritte in der Entwicklungsforschung, vor allem in der Entwicklungsneurologie, -psychologie und -psychiatrie, im Bereich der Psychodiagnostik, Verhaltenspsychologie und Ethologie sowie durch zunehmend bessere medizinisch-diagnostische Methoden als Folge neurobiologischer und (molekular-)genetischer Forschung, auch in der neuroradiologischen Diagnostik durch Magnetresonanztomographie und andere Methoden der funktionellen Bildgebung.

Die „Deutsche Gesellschaft für Kinder- und Jugendpsychiatrie", die 1976 aus der 1950 gegründeten „Deutschen Vereinigung für Jugendpsychiatrie" hervorging, hat ihre Benennung um die Begriffe Psychotherapie und Psychosomatik erweitert. Damit wird dem therapeutischen Anliegen und der Weiterbildungsordnung Rechnung getragen (Facharzt seit 1968, zusätzliche Bezeichnung Psychotherapie seit 1992).

Nachdem **Hermann Stutte** 1954 auf den ersten deutschen Lehrstuhl in Marburg berufen wurde, gibt es heute Fachvertreter an fast allen Universitäten der Bundesrepublik sowie in etwa 100 Spezialkliniken. Schon immer arbeitet die Kinder- und Jugendpsychiatrie im stationären wie im ambulanten Bereich, in Erziehungsberatungsstellen, freien Praxen oder Sozialpsychiatrischen Zentren, mit anderen Fachdisziplinen zusammen, besonders eine stete Kooperation mit der Heilpädagogik ist im Interesse der zu betreuenden Kinder, ihrer Eltern und Erzieher unverzichtbar.

2.5 Zusammenfassung im Hinblick auf Gesundheitserziehung

Heilpädagogische Handlungskompetenz setzt medizinische Kenntnisse voraus

Die Geschichte der Heilpädagogik zeigt, dass von Beginn an ethische Werte bedeutsam waren. Im „Wächteramt" war immer entschieden Partei zu ergreifen für die Würde des Menschen mit einer auch sehr schweren Beeinträchtigung. Dabei stellen sich medizinisch-heilpädagogische Aufgaben.

Medizinische Kenntnisse benötigt eine Fachkraft mit heilpädagogischer Handlungskompetenz für das

- Wahrnehmen, Verstehen und Erziehen (Unterstützen, Begleiten, Leiten, Führen) des Menschen mit Behinderung;
- Kooperieren mit medizinischen, psychologischen und sozialpädagogischen Fachkräften;
- interdisziplinäre und disziplinenübergreifende Beraten.

Ärztlich-erzieherisches Handeln verpflichtet zur Diätetik

Nachdem die Heilpädagogik lange Zeit vor allem vom abnormen und kranken Menschen ausging, ist ein Wandel im Blick auf Krankheit oder Defekt hin zum Menschen in seiner bio-psycho-sozialen Situation eingetreten. Das Leben hängt von leiblichen Prozessen, insbesondere von den Aktivitäten des Gehirns ab. Aus Wahrnehmungen und Eindrücken erstellt dieses im Zusammenspiel seiner vielen Milliarden Nervenzellen ein Bild von der Wirklichkeit. Denken (Vorstellung, Gedächtnis, Erinnern), Fühlen und Wollen sind in leibliche Prozesse eingebunden. Ob der Mensch eine schwierige Aufgabe zu lösen hat oder sich entspannt mit anderen unterhält – geistige Aktivität ist stets eine äußerst komplexe Wechselwirkung von Denken, Fühlen und Wollen.

Dem entspricht die Internationale Klassifikation der Funktionsfähigkeit, Behinderung und Gesundheit (International Classification of Functioning, Disability and Health – ICF), die im Mai 2001 von der Weltgesundheitsorganisation (WHO) beschlossen wurde. Der WHO-Gesundheitsbegriff versteht den sich entwickelnden Menschen als leib-seelische Ganzheit, nimmt also Medizin und Pädagogik in gemeinsame Verantwortung.

Er zeigt, wie eng medizinische, pädagogische und soziale Fragen beieinander liegen. In neueren Forschungen wird von Gesundheitserziehung als bio-psycho-sozialer Selbstorganisation gesprochen.

Ärztlich-erzieherisches Handeln verpflichtet zur Diätetik oder Gesundheitserziehung. Ein an der Leiblichkeit orientierter Erziehungsbegriff ist bedeutsam, besonders auch in der Pflegepädagogik, in Konzepten der elementaren körperorientierten Beziehungsgestaltung, basalen Kommunikation und Stimulation, sensomotorischen Kooperation, psychomotorischen und funktionellen Integration.
Er wird im bio-psycho-sozialen Modell der ICF abgebildet. (Abb.)

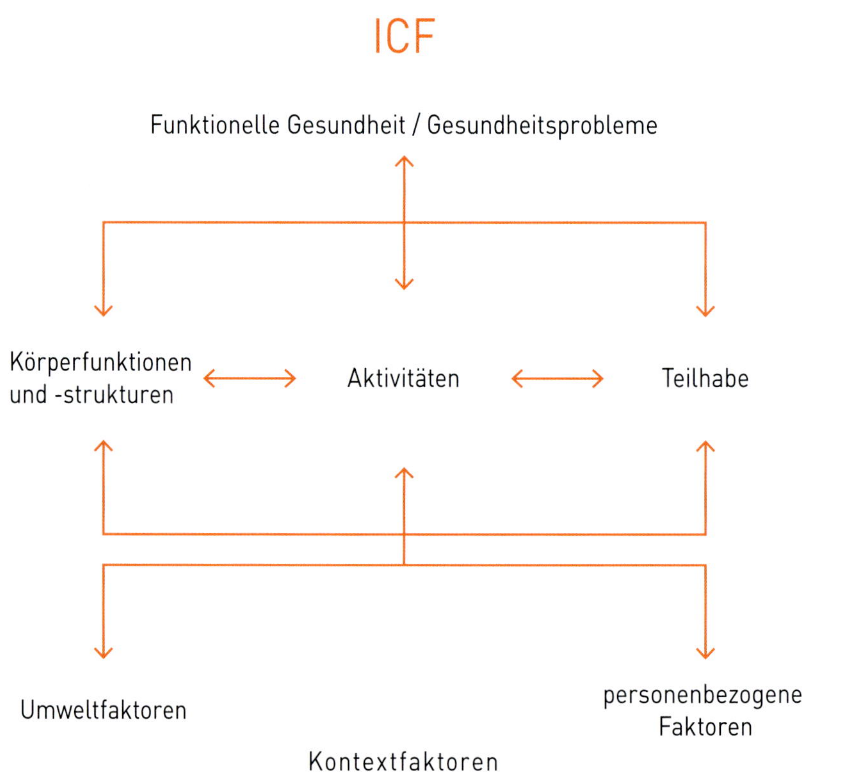

Kapitel 3: Diagnostische Voraussetzungen der therapeutischen Erziehung

Allgemein soll mit diagnostischem Bemühen Klarheit oder genaue Kenntnis in einer ganz bestimmten Situation erreicht werden; das griechische Wort „diagignoskein" entspricht unserem „kennen(lernen), durchschauen, erkennen, beurteilen". Diagnostik spielt für jede ärztliche Tätigkeit eine ebenso grundlegende Rolle, wie bei psychologischen oder pädagogischen Beurteilungen bzw. auch allen anderen Disziplinen, die um eindeutige Definitionen und verlässliche Aussagen bemüht sein müssen. Sie kann sich auf den aktuellen Zustand eines Menschen beziehen (Individualdiagnostik) oder dessen Lebensschicksal bzw. Entwicklung im Auge haben (Verlaufsdiagnostik), also recht unterschiedliche Schwerpunkte setzen.

Diagnostische Feststellungen sind unverzichtbar, will man Zusammenhänge erkennen und Ursachen aufdecken. Sie schaffen also auch wichtige Grundlagen für die (heil)pädagogisch-ärztliche Praxis im Rahmen der therapeutischen Erziehung. Um möglichst viele der für erforderliche Hilfen bei Menschen mit Beeinträchtigung bedeutsamen Faktoren zu erfassen, wird dabei stets eine interdisziplinäre Sichtweise anzustreben sein.

Hier sollen Grundlagen der Diagnostik kurz dargestellt werden, die für therapeutische Erziehung als wichtig zu erachten sind. Da es sich beim Diagnostizieren um einen von verschiedenen Faktoren abhängigen, wandelbaren Prozess handelt, sind ein gutes Verständnis und ausreichende Kenntnis von Entwicklungsvorgängen eine Grundvoraussetzung jeglichen Handelns.

3.1 Entwicklung und Entwicklungsdiagnostik

Entwicklung ist ein lebenslanger Prozess. Er schließt Aufbau- und Differenzierungsvorgänge ebenso ein wie Anpassung und Veränderung, aber auch Rückschritt und Vergehen. In allen Perioden sind genetisch-konstitutionelle Faktoren und Umwelteinflüsse bestimmend. Diese Wechselwirkungen verursachen die sich vollziehenden Wandlungen, vor allem im Kindes- und Jugendalter, müssen aber auch bei der Beurteilung von Abweichungen und Störungen des sogenannten Normalen berücksichtigt werden.

In Entwicklungsmodellen wird versucht, die komplexen Vorgänge anschaulich zu machen. Solche Modelle bedeuten immer eine Reduktion, andererseits überzeichnen sie manche Aspekte. Moderne Vorstellungen sind vom naturwissenschaftlich erarbeiteten Kenntnisstand, vom jeweils geltenden Paradigma abhängig, das sich auf bestimmte Hypothesen gründet, die wiederum von Beobachtungen abgeleitet, nicht selten aber auch von einer bestimmten Denkweise oder Ideologie bestimmt sind.

So haben in den letzten Jahrzehnten sorgfältige Beobachtungen und vergleichende experimentelle Studien zu neuen Ansichten geführt: Ein hierarchisch-deterministisches Entwicklungsmodell, das vor allem Arnold Gesell und seine Schule vor etwa hundert Jahren erarbeitet haben, ist von einer systemischen, adaptiv-interaktionistischen Sichtweise abgelöst worden. Damit sind die vielfältigen Entwicklungsvorgänge viel besser zu erklären: In einem „sich selbst regulierenden System“ werden biologisch bzw. genetisch determinierte Voraussetzungen von außen, von der Umwelt her, also exogen oder epigenetisch beeinflusst und verändert – nicht selten in der für „offene Systeme“ charakteristischen und vielfach wenig vorhersehbaren Weise. (Baumann et al. 2018, Largo 2017, Michaelis/Niemann 2017)

Der Mensch verfügt über etwa 30 000 bis 50 000 Gene. Diese, von den Eltern weitergegeben, liegen auf 46 Chromosomen, es gibt 23 homologe Paare mit Erbanlagen unterschiedlicher Größe und Form: Die Autosomen Nr. 1 bis 22 (Körperchromosomen) und die Gonosomen XX bzw. XY (Geschlechtschromosomen). Durch das Humane Genomprojekt ist die Lage der Gene auf den Chromosomen genau lokalisiert worden, was besonders bei bestimmten zu Entwicklungsstörungen oder Krankheiten führenden Genveränderungen (Mutationen) diagnostisch bedeutsam ist. Man verfügt heute über eine riesige, stetig noch wachsende „Gendatei“, hat aber vielfach noch wenig Kenntnis davon, wie Gene ihre Wirkung tatsächlich entfalten, in welcher Weise ihre chemische Substanz, die Desoxyribonukleinsäure (DNS bzw. DNA) die Bildung ihrer Genprodukte steuert und damit eine normale oder eine veränderte Entwicklung bestimmt. Viele unterschiedliche Gene sind in einer komplexen Kombination und Abstimmung an der Bildung des Nervensystems beteiligt, sie werden in gewissen Entwicklungsphasen aktiv oder inaktiv. Über hormonartige Neuropeptide oder andere „Botenstoffe“ (Neurotransmitter, neurotrophe Substanzen) regulieren sie die Entstehung bestimmter Strukturen, von Nervenzellen und ihren Verbindungen im neuronalen Netz. (Rieß/Schöls 2002)

Mit den verfügbaren Genen, die als Allele (Erbanlagen) jeweils doppelt, homolog oder heterolog vorhanden sind, und die eine gewisse, fast zufällige Mischung der von Eltern bzw. Vorfahren ererbten Anlagen repräsentieren, ist ein *„konstitutionelles Grundgerüst“* für Struktur und Funktion von Geweben, Organen und Organsystemen gegeben. Es handelt sich dabei jedoch um ein relativ grobes Programm, dessen Störung dann meist auch schwer ausgeprägte Konsequenzen hat, das aber durch sehr viele Möglichkeiten einer „epigenetischen Veränderung“ auch große Chancen für Anpassungsvorgänge bietet.

Von Beginn des Lebens an sind wir unserer *Umwelt* ausgesetzt; diese beeinflusst Entwicklungsvorgänge in unterschiedlicher Weise. So wird die Bildung der für die Funktion des Nervensystems wichtigen Verbindungen zwischen den Neuronen und die Ausgestaltung ihrer Kontaktstellen (Synapsen) im neuronalen Netzwerk von Umweltfaktoren mitbestimmt, besonders in sensiblen Phasen. Damit kann ein bestmöglicher Abgleich mit der jeweils gegebenen Lebenssituation bzw. deren Anforderungen erreicht werden.

Die alte Debatte um die Bedeutung von *Anlage und Umwelt*, „nature or nurture", kann heute als entschieden betrachtet werden: Immer ist von einem Wechselspiel auszugehen, wobei die einzelnen Komponenten unterschiedlich gewichtet sein können. So spielt bei Kindern mit Down-Syndrom die veränderte Chromosomenkonstitution der Trisomie 21 eine wichtige Rolle für die Ausbildung der körperlichen Eigenheiten sowie von kognitiven Fähigkeiten und Fertigkeiten. Gerade diese werden aber auch stark von Umwelteinflüssen mitbestimmt und sind durch heilpädagogische Maßnahmen gut zu beeinflussen, was die Ergebnisse der Frühförderung eindrucksvoll zeigen. (Sarimski 2017) Andererseits können fehlende Anregung und Deprivation trotz einer „normalen" Konstitution zu bleibenden Entwicklungsstörungen führen.

Bedeutsam für die diagnostische Praxis ist die *Variabilität*, die in allem Entwicklungsgeschehen beobachtet wird und ihre Grundlage in den genannten Wechselwirkungen hat. Eine gewisse Schwankungsbreite ist bei biologischen Prozessen nach der Gauss'schen Verteilungskurve als normal anzusehen; dies ist eine wichtige Grundlage für die individuelle Anpassungsfähigkeit. (Largo 2017)

Entwicklungsstörungen führen zu verminderter Variabilität (Redundanz). In dem sich selbst regulierenden „autopoietischen" System geschehen lebenslang Veränderungen, wobei die beteiligten Faktoren ganz unterschiedliches Gewicht haben können: Manchmal stehen die biologischen Bedingungen ganz im Vordergrund, mitunter kommt aber den exogenen Einflüssen die entscheidende Bedeutung zu. Dies wird eindrucksvoll durch mehrere Längsschnittstudien (Groningen, Rostock, Mannheim) belegt und ist eine wichtige Voraussetzung für den Erfolg der interdisziplinären Frühförderung. (Sarimski 2017)

3.2 Beurteilen des Entwicklungsstandes

Körperliches Wachstum:

Als Entwicklung bezeichnet man vor allem im Kindes- und Jugendalter alle Veränderungen, die innerhalb eines bestimmten Zeitraumes zu struktureller und funktioneller Differenzierung führen. Sie zeigt sich in somatischen wie in psychischen Merkmalen oft qualitativ, beim Wachstum quantitativ.

An der dem Alter entsprechenden Zunahme von *Größe und Gewicht* ist zu erkennen, ob sich ein Kind körperlich normal entwickelt. Proportionen ändern sich, weil einzelne Körperteile oder Organe unterschiedlich rasch (allometrisch) wachsen. Die mit Maßband und Waage ermittelten Daten sind zum Normvergleich in *Perzentilenkurven* einzutragen. Dabei gibt die 50. Perzentile jeweils den Mittelwert an. Standardabweichung und Normgrenzen sind als 3. bzw. 97. Perzentile markiert. So kann während des Wachstums verfolgt werden, welcher Prozentrang einem Kind im Vergleich mit seinen Altersgenossen zukommt, ob das Wachstum beschleunigt, verlangsamt oder altersgemäß verläuft. Entsprechen z. B. die Maße der 60. Perzentile, sind 40% der Kinder gleichen Alters und derselben Herkunft größer, 60% gleich groß oder kleiner. Ein Wechsel der *Perzentilen* im Verlauf deutet auf eine Störung hin (Großwuchs bzw. Kleinwuchs). Deutliche Veränderungen ergeben sich in Zeiten des „Gestaltwandels" am Ende des Kleinkindalters oder in der Pubertät („Wachstumsschub").

Das *Kopfwachstum* entspricht normalerweise der Massenzunahme des Gehirns. Der Kopfumfang und dessen Perzentilenkurve sind also für die Beurteilung der Entwicklung des Nervensystems wichtig; sie korrelieren mit dem Alter, weniger mit der Größe des Kindes. Besonders rasch ist das Kopfwachstum in den ersten beiden Lebensjahren (bei Geburt Norm 35-36 cm, mit 2 Jahren 49-50 cm, mit 10 Jahren 53 cm).

Statomotorische Entwicklung:

Die Reifung und Differenzierung der komplexen Funktionen des Zentralnervensystems findet ihren sichtbaren Ausdruck zunächst in der Bewegungsentwicklung, die natürlich eng mit der Ausbildung sozialer und kognitiver Fähigkeiten verknüpft ist.

Bereits in der 7. bis 8. Woche nach der Befruchtung sind *erste Bewegungsäußerungen* mittels Ultraschalluntersuchung nachzuweisen (Prechtl 1984, 1990), lange bevor die Mutter deutliche Kindsbewegungen spürt.

Es treten früh genetisch programmierte Bewegungsmuster auf, die bald durch äußere Einflüsse modifiziert werden. Nach der Geburt schreitet die Entwicklung rasch voran, viele für das Neugeborene charakteristische Muster verschwinden und neue Fähigkeiten entstehen in einer Abfolge so genannter Meilen- bzw. Grenzsteine. Dabei zeigen subtile Beobachtungen, dass die Entwicklung nicht in Stufen verläuft, sondern sich auf verschiedenen Ebenen, die nur undeutlich getrennt sind, überlagern und Fluktuationen mit einer ausgeprägten Variabilität aufweisen (Michaelis/Niemann 2017).
Mit *Grenzsteinen* kennzeichnet man in Entwicklungstabellen, wann eine bestimmte Kompetenz von den meisten Kindern (mehr als 97%) erreicht ist. *(Tabelle 1)*

Tabelle 1: Grenzsteine der Entwicklung in Bezug auf die Vorsorgeuntersuchungen im Kindesalter[5]

Untersuchung/Alter des Kindes	***Fähigkeiten/Kompetenzen***
Motorische Entwicklung	
U2 – 1. Woche	Trinken ohne Probleme, kräftiges Schreien
U3 – 1. Monat	In Bauchlage wird der Kopf mindestens drei Sekunden gehalten
U4 – 3. Monat	Sicheres Kopfheben in Bauchlage, Rumpf gerade
U5 – 6. Monat	Sichere Kopfkontrolle bei jedem Lage- und Haltungswechsel
9. Monat	Fortbewegung in Bauchlage, Drehen vom Rücken auf den Bauch und um die eigene Achse, Robben vorwärts und rückwärts
U6 – 12. Monat	Koordiniert Kriechen bzw. Krabbeln, Stehen mit Festhalten
15. Monat	Kommt vom Stehen mit Festhalten allein wieder ins Sitzen
18. Monat	Geht frei und sicher
U7 – 24. Monat	Geht rückwärts, steigt Treppe
U8 – 4 Jahre	Steht kurz auf einem Bein, baut Turm aus vier Würfeln, schließt Druckknopf

5 Siehe auch Baumann (2017) und Pauen/Roos (2017).

U9 – 5 Jahre	Geht auf Zehenspitzen, kann dreimal auf einem Bein hüpfen; zeichnet Kreise und Viereck

Feinmotorische Entwicklung

U3 – 3. Monat	Spielt mit den eigenen Fingern
U5 – 6. Monat	Greift gezielt mit ganzer Hand
9. Monat	Scherengriff
U6 – 12. Monat	Pinzettengriff

Sprachentwicklung, Kognition

U3 – 1. Monat	Kurze gutturale Laute
U4 – 3. Monat	Spontanes Vokalisieren
U5 – 6. Monat	Vokalisieren bei Ansprache
9.Monat	Silbenketten
U6 – 12. Monat	Gezielt Doppelsilben (mama, papa)
18. Monat	Sinngemäße Verwendung einzelner Wörter
U7 – 24. Monat	Spielt Verstecken, spielt mit Ball
U8 – 4 Jahre	Befolgt Regeln, erkennt Zusammenhänge, angemessene Interaktionen mit Erwachsenen und Gleichaltrigen
U9 – 5 Jahre	Kann bis fünf zählen, spricht Acht- Wortsatz nach, zeichnet Figuren, kann übergeordnete Begriffe verwenden, entwickelt Gefühl der Gruppenzugehörigkeit

Sozialisation und emotionale Entwicklung

U3 – 1. Monat	Lässt sich durch Aufnehmen und Ansprechen beruhigen
U4 – 3. Monat	Lächelt Gesicht an
U5 – 6. Monat	Freut sich über Zuwendung, Ansprache,
9. Monat	Unterscheidet zwischen Bekannten und Fremden
U6 – 12. Monat	Enge Bindung an Bezugspersonen
15. Monat	Ahmt Gestik und Laute nach
18. Monat	Versteht Gebote und Verbote, macht Wünsche deutlich

Bleiben Entwicklungsschritte aus bzw. erfolgen sie verzögert, deutet dies mit großer Wahrscheinlichkeit auf eine Störung hin. Ob es sich möglicherweise um eine Normvariante handelt, ist oft erst nach Kontrolluntersuchungen zu entscheiden. Liegt eine bleibende Störung oder Behinderung vor, zeigt sich dies meist durch Auffälligkeiten in mehreren Entwicklungsbereichen.

In den ersten Lebensmonaten sind die kindlichen Bewegungen noch stark von Reflexen und Reaktionen bestimmt. Es können aber auch schon beabsichtigte und koordinierte Abfolgen beobachtet werden: Obgleich der Säugling in seiner vorwiegend unbewusst (extrapyramidal) gesteuerten Motorik hauptsächlich ungezielte Bewegungen ausführt, gibt es erste Anzeichen willkürlicher (kortikaler) Funktionen beim Zusammenspiel von Auge und Hand bzw. Hand und Mund. An der Fähigkeit zur Imitation mimischer Gesten (Öffnen des Mundes, Herausstrecken der Zunge) oder bei frühen Lernvorgängen wird ebenfalls deutlich, dass ein Kind bald nach der Geburt über wichtige Kompetenzen für Interaktionen mit seinen Beziehungspersonen verfügt; dabei spielen die so genannten Spiegelneurone eine bedeutsame Rolle. (Bauer J. 2005, Rizzolatti/Sinigaglia 2012)

Während der ersten Lebensjahre vollziehen sich am Nervensystem Entwicklungsvorgänge in vielen Bereichen, es kommt zu einer steten *Differenzierung*

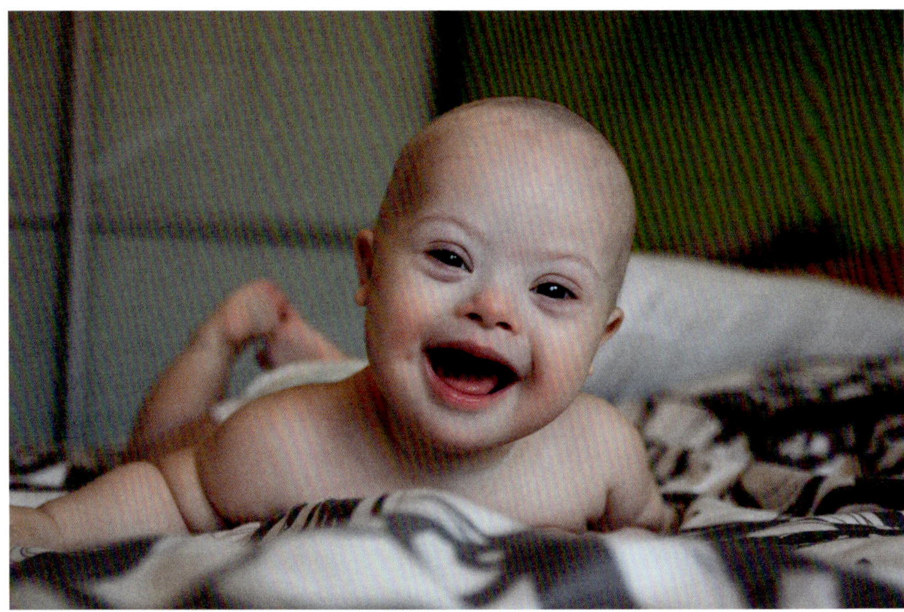

vor allem durch Ausbildung von Verbindungen und Synapsen zwischen den einzelnen Neuronen sowie durch eine fortschreitende Verbesserung (Myelinisierung zum Isolieren) der Nervenbahnen. Dem entsprechend ändert sich das motorische Verhalten. Das Kind erwirbt allmählich die Fähigkeit zur aufrechten, selbständigen Fortbewegung, es lernt seine Hände differenziert einzusetzen und gezielte Bewegungen auszuführen. Immer ist bei dieser Entwicklung das Wechselspiel zwischen *Bewegen und Wahrnehmen* bestimmend: Keine Bewegung läuft ab, ohne wahrgenommen zu werden, alle Bewegungen sind wichtig für Wahrnehmung und Begreifen, Perzeption und Kognition; über die Wahrnehmung vermittelte Informationen helfen dabei, Bewegungen sicher zu steuern. Das rasche Anwachsen der Kapazität des Gehirns führt dazu, dass sich sein Gewicht, beim Neugeborenen 300 g, zum Ende des zweiten Lebensjahres verdreifacht hat, dann bis zur Endgröße von 1300 bis 1500 g deutlich langsamer zunimmt.

Im Säuglingsalter verschwinden die vom Neugeborenen bekannten Reflexe und Reaktionen weitgehend, soweit sie nicht Schutzfunktionen haben. In rascher Folge entstehen *Stütz- und Haltungsreaktionen*; sie sind durch ein genetisches Programm festgelegt, werden aber durch Umwelteinflüsse modifiziert. So ist der Erwerb motorischer Fertigkeiten durch gezieltes Üben zu beschleunigen, andererseits können ungünstige Umweltbedingungen eine Verzögerung zur Folge haben und bei schwerer Vernachlässigung (Deprivation) sogar zu bleibenden Entwicklungsstörungen führen.

Die *Fähigkeit zu aufrechtem Gehen* wird allmählich erworben: Die Abfolge vom Umdrehen über das Kriechen und Krabbeln zum Hochziehen und Stehen hängt auch davon ab, ob das Kind vorwiegend auf dem Bauch oder auf dem Rücken liegt. Manchmal werden Zwischenschritte übersprungen, mitunter rutschen Kinder längere Zeit auf dem Gesäß, bevor sie zum Stehen und Gehen kommen. (Entwicklungsdissoziation als Normvariante, Largo 2017)

Auch die *Handfunktion* macht eine differenzierte Entwicklung durch: Im Alter von 3 bis 4 Monaten greift das Kind willkürlich nach Gegenständen, gezielt mit der ganzen Hand und von der Kleinfingerseite aus. Durch stetes Üben gelingt es, Gegenstände von einer Hand in die andere zu geben, dabei dann auch die Mittellinie zu überkreuzen, Auge und Hand sowie Hand und Mund gut zu koordinieren. Im zweiten Lebensjahr wird der Daumen zunehmend einbezogen, durch Beugung und Adduktion im Zangengriff, durch Opposition im Pinzettengriff. Das Kind kann nun ganz kleine Gegenstände vom Boden aufheben; da es auch diese gleich zum Mund führt, können gefährliche Situationen entstehen.

Im *Kleinkindalter* wird die Bewegungskoordination weiter differenziert und stabilisiert. Verschiedene eingehende (afferente) Informationen (Sinnesorgane, Muskelspindeln usw.) werden nach Jean Ayres im Prinzip der sensorischen Integration miteinander verknüpft (Abstimmung (Integration) von Sinnesreizen (modal) mit übergeordneten Zentren (supramodal) und Abfolge (seriell) der Informationen). Das durch neuropädiatrische Forschung weiterentwickelte Konzept wird auch bei gestörter Entwicklung in der therapeutischen Erziehung angewendet. Es geht dann bei der sensorischen Integrationstherapie um ein Ordnen und Zusammenführen der verschiedenen Sinneswahrnehmungen zu einem ganzheitlichen Erleben und Gestalten. Körper und Bewegen, Denken und Handeln, Fühlen und Wollen sollen in ein Gleichgewicht kommen (Ayres 2016). Die Motorik ist in dieser Zeit noch leicht störbar, eine Dyskoordination kann auf organische oder psychische Irritationen als Ursache verweisen. Zu Beginn des Schulalters sollten ein stabiles Gleichgewicht, auch beim Balancieren und Hüpfen, und eine gute manuelle Geschicklichkeit (Graphomotorik) erreicht sein.

Ein wichtiges biologisches Prinzip, das die Bewegungsentwicklung verdeutlicht, ist das der *Variabilität oder Redundanz*. Damit kann sich das Kind den wechselnden Bedingungen seiner Umwelt anpassen und verfügbare Ressourcen sinnvoll und ökonomisch einsetzen. Bei Entwicklungsstörungen beobachtet man oft eine gewisse Stereotypie im motorischen Verhalten, was auf begrenzte Anpassungs- und Variationsfähigkeit zurückzuführen ist.

Geistig-seelische, sprachliche, soziale und emotionale Entwicklung:

Schon in den ersten Lebenstagen nimmt das Kind *Blickkontakt* auf, es sucht die Nähe vertrauter Personen, seiner Mutter. In den folgenden Wochen sind angeborene Verhaltensweisen und Lernvorgänge schwer zu trennen, die sich bei der Interaktion zwischen Kind und Umwelt vollziehen. Das Imitationsvermögen ist eine wichtige Voraussetzung für die kognitive und soziale Entwicklung. Es entsteht in der „Dyade" (Zweisamkeit) ein enger Kontakt. Durch gegenseitige Verstärkung (Konditionierung) wird die Bindung zunehmend gefestigt, werden auch verschiedene Kompetenzen stetig erweitert. (Ahnert 2014)

Das *„soziale Lächeln"* erscheint im Alter von 4 bis 6 Wochen. Es handelt sich um eine angeborene Reaktion auf bestimmte Reize, vor allem auf die Stirn-Augen-Partie des Gegenübers, wenn sie sich in einer Distanz von etwa 30 bis 50 cm rhythmisch bewegt, auch auf Töne und Stimme. Später wird dann zwischen bekannten und fremden Personen unterschieden, wobei die „Achtmonatsangst" zum *„Fremdeln"* führt. Beim Kleinkind nehmen Autonomie und Selbständigkeit zu, bestimmt vom jeweiligen *„Bindungsverhalten"* (sicher, unsicher, ambivalent). Im Alter von zwei bis drei Jahren, wenn die meisten Kinder den Kindergarten besuchen, richtet sich die soziale Orientierung stärker auf Erzieher und Altersgenossen aus. Das Kind kann nun auch gewisse Zeit stillsitzen, an gewissen Aktivitäten teilnehmen und bei Rollenspielen mitwirken. Wachsendes Selbstbewusstsein hat *Trotzreaktionen* zur Folge, die recht unterschiedlich ausgeprägt sein können und Eltern wie Erzieher herausfordern. Für die geistig-seelische und besonders die emotionale Entwicklung ist das kindliche Spiel eine wesentliche Voraussetzung, es sollte ausreichend Zeit dafür verfügbar sein, was frühes Lernen nicht ausschließt. Eine Beobachtung des Spielverhaltens gibt wertvolle diagnostische Hinweise. (Largo 2017)

Die Ausbildung sprachlicher Fähigkeiten ist eng mit der sozialen Entwicklung verbunden und wird wiederum von Umwelteinflüssen ganz wesentlich bestimmt. Wichtige Voraussetzung ist ein gutes *Hörvermögen*: Fehlt dem Säugling eine entsprechende Rückkoppelung, verliert sich die spontane Laut- und Silbenproduktion, auch bleibt die akustische Orientierungsreaktion aus. Dann ist eine pädaudiologische Untersuchung dringend erforderlich, da Hörreste durch geeignete Apparate (evtl. auch mit einem Cochlea-Implantat) frühzeitig verstärkt werden müssen, um Sprachentwicklung zu ermöglichen.

Gegen Ende des ersten Lebensjahres werden Doppellaute und bald auch erste Wörter gesprochen. Im zweiten Lebensjahr vergrößert sich der Wortschatz rasch. Dabei geht das Wort- und Sprachverständnis (perzeptive Sprache) der Sprachproduktion (expressive Sprache) voraus. Die Variabilität im Spracherwerb ist erheblich, abhängig auch von der kognitiven und sozialen Entwicklung.

Im Alter von zwei Jahren sollte das Kind mindestens 20 Wörter sprechen können, diese bald zu kleinen, wenn auch noch unvollkommenen Sätzen verbinden. Mit drei Jahren können sich die meisten Kinder gut verständigen, und kennen ihren Namen. Vorübergehend kann „physiologisches Stottern" auftreten. Stammelfehler (Dyslalie, z. B. Lispeln oder Sigmatismus) und Schwierigkeiten mit der Grammatik (Dysgrammatismus) sind nicht selten. Diese Zeichen einer *Sprachentwicklungsverzögerung* (Sprechstörung) verschwinden bis zur Einschulung, wenn keine Sprachentwicklungsstörung vorliegt, die häufig mit schwach ausgebildeten kognitiven Fähigkeiten einhergeht (zum Beispiel bei Lernbehinderung und so genannter geistiger

Behinderung). Die Sprachentwicklung kann mit speziellen Testverfahren verfolgt werden, was auch therapeutisch bedeutsam ist. (Grimm 2012)

Die *Entwicklung der Intelligenz* vollzieht sich in verschiedenen Stufen, die der Schweizer Psychologe Jean Piaget nach Beobachtungen an seinen Kindern eindrucksvoll beschrieben hat. In den ersten beiden Lebensjahren werden durch sensomotorische Erfahrungen bei Akkommodation und Assimilation Zweck-Mittel-Verknüpfungen entdeckt, es wird bei aktivem Experimentieren gelernt. Das Kleinkind sammelt Erfahrungen nach dem Versuch-Irrtum-Prinzip. Im Schulalter sind dann konkrete Denkoperationen möglich, allgemeine Regeln zu erkennen und anzuwenden. Schließlich gelingt ab dem 11. Lebensjahr das kausale Denken mit induktiven Schlussfolgerungen (vom Speziellen zum Allgemeinen), so dass formale Denkoperationen bewältigt werden. Verschiedene Testverfahren sind neben der Verhaltensbeobachtung dazu geeignet, die geistig-seelische (kognitive) Entwicklung zu erfassen. Dabei ist zwischen allgemeinen Entwicklungstests und Methoden zu unterscheiden, die spezielle Fähigkeiten und Fertigkeiten prüfen; sie werden jeweils auf eine Altersnorm bezogen. In der Praxis sollte man gut vertraute Methoden anwenden, die den testpsychologischen Gütekriterien genügen und verlässliche Ergebnisse bringen. *(Tabelle 2)*

Tabelle 2: Entwicklungstests und ihre Dimensionen

Testverfahren	**Dimensionen**
Bayley Scales of Infant Development	Kognition, Sprache, Sozialverhalten,Motorik
Bühler-Hetzer Kleinkindertest	Sinnliche Rezeption, Körperbewegungen, Sozialität und Sprache, Lernen und Nachahmen, Materialbearbeitung, geistige Produktivität
Denver Entwicklungsskalen	Kurzform: Grobmotorik, Sprache, Fein-Motorik, Anpassung, sozialer Kontakt
Entwicklungstest 6-6	Körpermotorik, Handmotorik, kognitive Entwicklung, Sprachentwicklung,

	soziale, emotionale Entwicklung
Griffiths Entwicklungsskalen	Motorik, persönlich-soziale Entwicklung, Hören und Sprechen, Auge und Hand, Leistungen im Umgang mit Gegenständen
Kiphard Entwicklungsgitter	Optische Wahrnehmung, Handgeschick, Körperkontrolle, Sprache, akustische Wahrnehmung, Sozialkontakt, Emotionalität

Münchener Funktionelle Entwicklungsdiagnostik

1. Lebensjahr:

Krabbelalter, Sitzalter, Laufalter, Greifalter, Perzeptionsalter, Sprechalter, Sprachverständnis, Sozialalter

2. und 3. Lebensjahr:

Statomotorische Entwicklung, sensomotorische Entwicklung (Handmotorik, Wahrnehmungsverarbeitung), Sprachentwicklung (aktive Sprache, Sprachverständnis), Sozialentwicklung (Kontaktverhalten, Selbständigkeit, Ordinalskalen zur Sensomotorischen Entwicklung Objektpermanenz, Zweck-Mittel-Verbindungen, Lautimitation, Wahrnehmung kausaler Zusammenhänge, Schemata im Umgang mit Objekten

Wiener Entwicklungstest

Motorik, visuelle Wahrnehmung/Visuomotorik, kognitive Entwicklung, Gedächtnis und Lernen, Sprache, sozialemotionale Entwicklung

Die *Sauberkeitsentwicklung* ist ein wichtiger Bereich der Sozialentwicklung. Erfolge hängen wiederum vom Zusammenwirken biologischer Faktoren („Reifung" der verantwortlichen Strukturen) mit Umweltbedingungen bzw. erzieherischen Maßnahmen ab. Meist gelingt im Alter von 3 bis 4 Jahren zuerst die Kontrolle der Darmfunktion, dann der Blasenentleerung, jeweils zunächst tags, dann auch nachts. Die *Variabilität* kann beträchtlich sein; unter Fünfjährigen nässen noch etwa 15-20% nachts ein und werden in den folgenden Jahren meist von selbst trocken.

Entwicklung in der Adoleszenz:

Als Lebensabschnitt mit tiefgreifenden Veränderungen ist die Zeit der Pubertät für das herangewachsene Kind wie für seine Eltern in mancher Hinsicht bedeutsam. Es kommt zu körperlichen und seelischen Wandlungen, die gewisse Zeit beanspruchen und keineswegs immer koordiniert ablaufen, vielmehr oft zu krisenhaften Situationen führen. (Remschmidt 1992)

Die *Pubertät* beginnt mit Veränderungen an den Genitalien und mit dem Auftreten sekundärer Geschlechtsmerkmale, sie endet bei Abschluss des körperlichen Wachstums, für Mädchen mit etwa 16, bei Jungen mit etwa 18 Jahren. Durch eine umweltbedingte Beschleunigung (säkulare Akzeleration) hat sich der individuell sehr variable Zeitabschnitt um 2 bis 4 Jahre nach vorn verschoben.

Es erwacht nun die *Sexualität*, was nicht selten von autoerotischen und homosexuellen Tendenzen begleitet wird. Selbstbefriedigung (Masturbation, Onanie) ist ein normales Phänomen, auch enge gleichgeschlechtliche Freundschaften sind nicht ungewöhnlich. Andererseits erfolgen heterosexuelle Kontakte heute relativ früh. Für Jugendliche kann es schwierig sein, mit dem sexuellen Verlangen und der notwendigen Verantwortung angemessen umzugehen. Psychosomatische Beschwerden und Verhaltensauffälligkeiten, auch Störungen der Sexualentwicklung können dadurch entstehen. Bei Jugendlichen mit einer Entwicklungsstörung oder Behinderung verläuft die Pubertät im Allgemeinen normal, es können aber in Auseinandersetzung mit der Umwelt problematische Situationen auftreten, was dann Folgen für Integration und Inklusion bzw. Teilhabe nach sich zieht.

Ein wesentlicher Aspekt der Pubertät ist die *Ablösung* vom Elternhaus. Dies kann zu Konflikten mit Autoritätsprotest und starken Auseinandersetzungen führen. Jugendliche suchen nach Vorbildern, haben Schwierigkeiten, sich mit ihren Eltern zu identifizieren, kommen in den Einfluss von Peer-Groups, erwarten dort Selbstbestätigung und Erfolg. Bei emotionaler Labilität, bedingt nicht zuletzt auch durch hormonelle Faktoren, kann dies Krisensituationen heraufbeschwören, vor allem bei Drogenkonsum. Extreme Reaktionen und Kurzschlusshandlungen können auftreten. Mitunter ist es schwierig, normale von pathologischen Verhaltensweisen zu differenzieren, eine Pubertätskrise von einer beginnenden Psychose abzugrenzen. Jugendliche sollten ihren Standpunkt und ihre Identität selbständig finden dürfen, brauchen dazu aber Halt und Orientierung, vor allem durch Vertrauen zur Familie und Einbindung in eine sichernde Umgebung mit der Möglichkeit zu förderlichen sozialen Kontakten.

3.3 Ursachen von Entwicklungsstörungen

Die komplexen Vorgänge, die sich während der Entwicklung abspielen und die hier nur angedeutet wurden, können jeder Zeit gestört werden (Neuhäuser et al 2013). Abhängig davon, wie auch von Art und Schwere einwirkender Schädigung sind dann unterschiedliche Folgen zu erwarten. *(Tabelle 3)*

Tabelle 3: Ursachen von Entwicklungsstörungen

Zeitraum / Entwicklungsstörung

Pränatal - Genetisch: Fehlbildungssyndrome, neurodegenerative und neurometabolische Erkrankungen

- Chromosomal: Trisomie (Down-Syndrom), Verlust (Deletionen; Prader-Willi-Syndrom, Angelman-Syndrom)
- Exogen: Virusinfektionen, Alkohol, Drogen, Toxine, Medikamente, Strahlen
- Multifaktoriell: Neuralrohrdefekte
- Unbekannt etwa 40-50%

Perinatal - Sauerstoffmangel (Asphyxie, als Folge hypoxisch-ischämische Enzephalopathie oder Perventrikuläre Leukenzephalopathie)

- Blutungen (epi- oder subdurales Hämatom, Hämaorrhagie in die Hirnhohlräume)
- Atemstörungen (Apnoen), komplexe Herzfehler

Postnatal - Schilddrüsenunterfunktion (Hypothyreose), angeborene Stoffwechselstörungen

- Meningitis, Meningoenzephalitis
- Trauma (Kindesmisshandlung)
- Akut lebensbedrohliches Ereignis (ALE)

Pränatale Ursachen von Entwicklungsstörungen:

Während der vorgeburtlichen Lebensperiode entstehende Störungen sind auf genetische, chromosomale, exogene und multifaktorielle Ursachen zu beziehen. Sie sind mitunter durch die diagnostischen Möglichkeiten (noch) nicht zu erklären, zumal sie kombiniert auftreten und sich im Sinn einer „Noxenkette“ mit mehreren Ereignissen gegenseitig beeinflussen können.

Stoffwechselstörungen

(neurometabolische Krankheiten) werden vielfach autosomal-rezessiv vererbt (Beispiel Phenylketonurie). Sie sind gelegentlich X-gebunden (Beispiel Lesch-Nyhan-Syndrom) und selten dominant. *Gewebsdysplasien*, die mit der Veränderung von feingeweblichen Strukturen einhergehen, beruhen in vielen Fällen auf autosomal-dominanten Mutationen. Bei den Phakomatosen findet man Veränderungen an der Haut und am Nervensystem, selten auch an anderen Organen (Beispiel Tuberöse-Sklerose-Komplex, Neurofibromatose).

Differenzierungsstörungen

während der ersten Schwangerschaftsmonate betreffen die Migration, die Wanderung der Nervenzellen von ihrem Ursprungsort in Ventrikelnähe zur Hirnrinde. Ist die komplexe Steuerung dieses Prozesses durch genetische Faktoren, Mutationen oder Umwelteinflüsse verändert, kann das neuronale Netz nicht richtig ausgebildet werden, es kommt zu strukturellen Veränderungen und Funktionseinbußen (fokale Dysplasie, Lissenzephalie).

Zur diagnostischen Klärung dieser pränatalen Ursachen sind bildgebende Verfahren (Nachweis von strukturellen Abweichungen), biochemische Stoffwechselanalysen und molekulargenetische Untersuchungen zum Nachweis von Genen und Genprodukten erforderlich. Bei vielen seltenen Störungen sind heute diese Ursachen gut bekannt; das genetische Risiko kann meist genau angegeben werden; mitunter ergeben sich auch spezielle therapeutische Möglichkeiten.

Chromosomenanomalien

sind fast regelhaft mit Entwicklungsstörungen verbunden. Sie führen auch zu somatischen Symptomen: Das Körperwachstum ist vermindert, man beobachtet syndromhaft miteinander verbundene Anomalien (Gesicht, Hände, Herz usw.), nicht selten eine mehr oder weniger stark ausgeprägte geistige Behinderung (Beispiel Down-Syndrom, Katzenschrei-Syndrom, Angelman-Syndrom, Prader-Willi-Syndrom). Die oft mögliche „Blickdiagnose" muss durch sogenannte zyto- bzw. molekulargenetische Analysen bestätigt werden. Aussagen zur Entwicklungsprognose sind nicht immer einfach, da auch bei genetischen Syndromen oft eine beträchtliche Variabilität vorkommt. (Neuhäuser 2016)

Exogen verursachte Entwicklungsstörungen

entstehen als Folge von Infektionen, die von der Mutter auf das Kind übergehen (Röteln, Toxoplasmose, Zytomegalie), durch Krankheiten der Mutter (Diabetes mellitus), aber auch durch toxische Einflüsse (Alkohol, Drogen) oder Strahlen. Es ist anzunehmen, dass bei weitem noch nicht alle schädigenden Faktoren bekannt sind. Große Studien haben gezeigt, wie schwierig es ist, einen entsprechenden Nachweis ausreichend sicher zu führen (Beispiel Contergan und andere Medikamente).

Bei multifaktoriell bedingten Störungen kommt es zu einer Kombination von genetischen und exogenen Faktoren, die sich gegenseitig im Sinn eines Schwellenwertmodells beeinflussen, zum Beispiel beim Entstehen von Neuralrohrdefekten („offener Rücken" oder Spina bifida, oft mit Hydrozephalus) in der Frühentwicklung. Es stehen einmal mehr die genetischen, einmal eher die exogenen Anteile im Vordergrund, wobei Folsäuremangel als bedeutsam identifiziert werden konnte. Deshalb wird eine präventive Gabe von 0,4 mg Folsäure pro Tag, beginnend einen Monat vor einer geplanten Schwangerschaft, für etwa zwöf Wochen empfohlen.

Perinatale Ursachen von Entwicklungsstörungen:

Komplikationen im Zusammenhang mit der Geburt, dem gefährlichsten Lebensabschnitt, entstehen vor allem durch Sauerstoffmangelzustände und Blutungen, Infektionen und Stoffwechselveränderungen. Im Rahmen komplexer pathogenetischer Prozesse, bei denen zum Beispiel toxische Substanzen in Form freier Radikale oder erregender (exzitatorischer) Neurotransmitter (Glutamat) freigesetzt werden, kann es zu bleibenden Schäden am Gehirn kommen.

Eine perinatale Asphyxie (griech.: Pulslosigkeit), die mitunter schon vor der Geburt beginnt, führt zur hypoxisch-ischämischen Enzephalopathie, zu einer durch Sauerstoffmangel verursachten Hirnerkrankung. Beim neugeborenen Kind werden dann als Symptome Bewusstseinsveränderungen, Krämpfe, Tonusabweichungen und Atemstörungen beobachtet. Die bei der Verhaltensbewertung nach Apgar gegebenen „Noten" sind niedrig (Score von 6 und weniger, normal wäre 10).

Intrakranielle Blutungen können durch Ultraschalluntersuchung nachgewiesen werden; sie entstehen mechanisch durch Gefäßverletzungen oder durch starke Blutdruckschwankungen. Haben sie größere Ausdehnung und komprimieren das Gehirn, ist eine operative Entlastung nötig.

Bei Einbruch der Blutung in das Ventrikelsystem kann ein *posthämorrhagischer Hydrozephalus* entstehen, eine Erweiterung der Hirninnenräume durch Blockade der Liquorwege mit zunehmendem Druck, was zu vermehrtem Kopfwachstum führt. Ein Fortschreiten muss durch operative Maßnahmen (Einsetzen eines Shunt-Systems zur Ableitung des Liquors in Blutbahn oder Bauchhöhle) rechtzeitig verhindert werden. Bei Infektionen hängt es sehr von der Art des Erregers ab, ob eine erfolgreiche Therapie gelingt oder mit bleibenden Schäden durch eine Meningoenzephalitis gerechnet werden muss.

Frühgeburt hat neben allgemeiner Unreife nicht selten Anpassungsstörungen zur Folge mit Atem- und Herz-Kreislaufstörungen, was dann die Behandlung auf einer neonatalen Intensivstation erfordert. Ein hohes Risiko haben sehr unreife Frühgeborene mit einem Gewicht von weniger als 1000 Gramm bei einer Schwangerschaftsdauer von weniger als 28 Wochen. Dies ist der Fall bei etwa 10% der zu früh geborenen Kinder, die etwa 7% aller Neugeborenen ausmachen. Frühgeburt hat unterschiedliche, nicht zuletzt auch soziale Ursachen. Infektionen bei der Mutter sind als auslösende Faktoren bedeutsam. Frühgeburt – vor allem mit, aber auch ohne Komplikationen – kann die Ursache von unterschiedlichen Entwicklungsstörungen sein, die vor allem motorische und perzeptive Funktionen betreffen, aber auch kognitive Leistungen und emotionale Reaktionen.

Postnatale Ursachen von Entwicklungsstörungen:

In den ersten Lebensjahren ist das kindliche Gehirn besonders empfindlich. Schwere Erkrankungen, Infektionen, Verletzungen (Schädel-Hirn-Traumen) oder Sauerstoffmangel (Ertrinkungsunfall) können als postnatale Komplikationen zu bleibenden Schäden führen, eine Entwicklungsstörung und bleibende Behinderung zur Folge haben.

3.4 Ärztliche und interdisziplinäre Diagnostik – eine Voraussetzung für therapeutische Erziehung

Wenn eine Entwicklungsstörung oder Behinderung vermutet wird, erfolgt im Allgemeinen zuerst eine ärztliche Untersuchung: Besorgte Eltern stellen ihr Kind bei Haus- oder Kinderarzt vor, mitunter werden im Rahmen der Vorsorgeuntersuchungen im Säuglings- und Kleinkindalter oder im Kindergarten Auffälligkeiten bemerkt.

Wesentliches Ziel der ärztlichen Untersuchung ist es dann, nach verantwortlichen Ursachen festgestellter Symptome zu suchen, dabei den körperlichen Zustand einzuschätzen und Funktionen des Nervensystems zu prüfen. Der Arzt muss in seine Beurteilung stets die Beobachtungen und Feststellungen der Eltern einbeziehen, die Untersuchung sollte deshalb nach Möglichkeit in deren Gegenwart erfolgen. Von ihrem Ergebnis hängt ab, welche weiteren Befunde im Rahmen einer multi- bzw. interdisziplinären Diagnostik zu erheben sind.

Anamnese (Vorgeschichte): Nachdem das jeweilige aktuelle Anliegen spontan geschildert wurde, ist sorgfältig nach Komplikationen während der Schwangerschaft und bei der Geburt sowie in den ersten Lebensjahren zu fragen (z. B. nach einer „Risikoliste", *Tabelle 4*). Eine genaue Entwicklungsanamnese ist gegebenenfalls durch Berichte zu objektivieren, auch Fotographien und Videoaufzeichnungen sind dabei hilfreich.

Tabelle 4: Anamnestische Risikofaktoren

Mütterliche Risikofaktoren

- Zustand nach länger dauernder Sterilität bzw. Sterilitätsberatung
- Frühere Fehlgeburt oder Frühgeburt
- Blutungen in der Frühschwangerschaft
- Behandlungsbedürftige Frühgeburtsbestrebungen
- Schwangerschaftsvergiftung (Gestose, Eklampsie)
- Schwere Erkrankung, Schock, Trauma, Narkose während der Schwangerschaft
- Infektionen

- Medikamente, Drogen, Toxine (Rauchen, Alkohol)
- Ungünstige sozioökonomische Situation (Arbeitslosigkeit, Wohnverhältnisse)
- Schwierige psychosoziale Situation (alleinerziehend, psychisch belastet)

Kindliche Risikofaktoren

- Frühgeburt vor der 34. Schwangerschaftswoche, Geburtsgewicht unter 2000g,
- Übertragung, Geburt nach der 42. Schwangerschaftswoche, Mehrlingsgeburt
- Hinweise für pränatale Hypoxie (grünes Fruchtwasser, abnormes
- Kardiotokogramm, abnorme fetale Dopplersonographie)
- Sauerstoffmangel (Asphyxie, Apgar-Score nach mehr als 5 Minuten weniger als 6)
- Postnatale Komplikationen (Atemnotsyndrom, Beatmung, Pneumonie, Sepsis,
- Operation, Austauschtransfusion)
- Zerebrale Anfälle

Trotz aller technischen Fortschritte haben die anamnestischen Daten auch heute für die Diagnose eine unverändert wichtige Bedeutung und können mit einer Verlässlichkeit von fast 80% auf die richtige Fährte bezüglich der Ursache führen. Fragebogen sind dabei begrenzt hilfreich und gewährleisten Vollständigkeit, können aber das persönliche Gespräch nicht ersetzen, da nur dabei, im unmittelbaren Kontakt mit den Eltern auf deren Befürchtungen und Erwartungen einzugehen ist.

Das Anamnesegespräch, in dem je nach Situation bestimmte Akzente gesetzt werden müssen, kann auch schon zur Beobachtung des Kindes und seiner Interaktionen mit den Eltern genützt werden. Gezielte Fragen informieren über das Verhalten und die Fähigkeiten bzw. Kompetenzen des Kindes, wie es in bestimmten Situationen reagiert, welche Eigenheiten es hat. Für eine genauere Verhaltenanalyse eignen sich Fragebogen oder Testverfahren, mit denen Angaben der Eltern und eigene Beobachtungen vergleichbar zu dokumentieren sind; Videoaufnahmen können dies unterstützen.

Zu bedenken ist, dass besonders bei Kleinkindern und bei Vorliegen einer Beeinträchtigung die Bedingungen der Untersuchungssituation das Verhalten des Kindes mehr oder weniger stark beeinflussen.

Mit dem Erheben der Anamnese soll der Entwicklungsverlauf und das Entstehen von Symptomen möglichst genau erfasst werden. So interessiert, ob die Entwicklung kontinuierlich verlief, ob es stärkere Schwankungen gab oder gar ein Stillstand bzw. Rückschritt beobachtet wurde („Entwicklungsknick"). Auch bei einer „harmonischen Retardierung" von Kindern mit kognitiver Beeinträchtigung kann im Verlauf der Zeit der Abstand zur Norm kontinuierlich größer werden. Die Entstehung der Symptome lässt vielfach wichtige Schlüsse auf ihre Ursache zu, so bei akuten, chronischen, fortschreitenden oder mit bleibender Beeinträchtigung einhergehenden Krankheiten.

Bei der ärztlichen Untersuchung, die wegen einer Entwicklungsstörung oder Behinderung durchgeführt wird und immer Bestandteil der Diagnostik im Rahmen therapeutischer Erziehung sein muss, steht zunächst die Verhaltensbeobachtung im Vordergrund. Es ist festzustellen, wie das Kind Kontakt aufnimmt, welches Interesse es an der fremden Umgebung zeigt, ob und wie es mit Spielsachen umgeht, welche Interaktionen mit Eltern und Untersuchenden bzw. Erziehenden zustande kommen. Durch geeignete Aufgaben kann ein bestimmtes Verhalten provoziert werden, so dass weitere Informationen gezielt zu gewinnen sind. Videoaufnahmen sind für Vergleiche bei Kontrollen günstig, können gegebenenfalls auch die häusliche Situation gut dokumentieren. Dem gegenüber ist die Beurteilung von Fotoaufnahmen weniger verlässlich.

Der körperliche Befund umfasst den Allgemein-, Ernährungs-, Kräfte- und Pflegezustand; die Körpermaße sind festzustellen und in Perzentilenkurven für Größe, Gewicht und Kopfumfang einzutragen. Die Betrachtung der Haut kann durch gewisse Veränderungen, wie Pigmentflecken, depigmentierte Stellen, Hämangiome („Blutschwamm") oder abnorme Behaarung wichtige Hinweise geben, z. B. bei neurokutanen Syndromen. Orientierend sind die Funktionen der inneren Organe (Herz-Kreislauf, ggf. Blutdruck und Herzfrequenz, Lunge, Magen-Darm, Nieren) und das äußere Genitale (unter Beachtung altersentsprechender Schamhaftigkeit) zu beurteilen.

Auf das Vorkommen von kleinen Anomalien am Kopf und im Gesicht des Kindes sowie an Händen und Füßen gilt es besonders zu achten, da diese nicht selten für die diagnostische Zuordnung (z. B. bei Syndromen) bedeutsam sind. (Tabelle 5)

Tabelle 5: Kleine Anomalien, die auf eine Entwicklungsstörung hindeuten können

Kopf

- Ungewöhnlich große Fontanellen
- Ungewöhnliche Schädelform
- Ungewöhnliches Haarmuster

Augen

- Telekanthus (Hypertelorismus, weiter Abstand)
- Hpotelorismus (engstehend)
- Epikanthus (Falte über dem inneren Lidwinkel)
- Abnorme Neigung der Lidachsen
- Weiße Brushfield-Flecken der Iris, Kolobom (Kerbenbildung)

Mund

- Prominenz der Gaumenbögen
- Hoher (gotischer) Gaumen
- Zusätzliche Frenula (Hautverbindungen)
- Lippenfistel
- Zahnanomalien

Ohren

- Hautanhängsel vor den Ohren (präaurikular)
- Abnorme Form der Ohrmuschel
- Veränderung des Ohrläppchens
- Abnorme Position und Rotation

Hände

- Veränderung der Handfurchen
- Veränderung der Beugefalten (Finger)

- Hypoplasie der Fingernägel
- Ungleiche Größe der Finger
- Hautleistenmuster

Genitale

- Veränderung des Scrotum
- Hypoplasie der großen Labien

Haut

- Skalpdefekte
- Grübchen an ungewöhnlicher Stelle

Bei der neuropädiatrischen Befunderhebung werden hauptsächlich entwicklungsabhängige Fähigkeiten und Fertigkeiten geprüft, die mit Geschicklichkeit und aufrechter Fortbewegung zusammenhängen (Fein- und Grobmotorik). Es interessieren Muskelspannung (Tonus, Hypotonie oder Hypertonie bzw. Spastik), Muskeleigenreflexe, verschiedene Haut- oder Fremdreflexe, Hirnnervenfunktionen und Koordination (Abstimmung von Bewegungen und Gleichgewichtserhaltung). Es ist zu beachten, ob Gelenkfehlstellungen oder Kontrakturen vorhanden sind (Deformität der Füße) oder abnorme Bewegungen auftreten (Dystonie, Athetose, Chorea). Gebiss, Mundschleimhaut und Tonsillen sollten am Ende der Untersuchung beurteilt werden, da bei der etwas unangenehmen Prozedur Abwehrreaktionen provoziert werden können. (Tabelle 6)

Im Kleinkindalter oder bei Kindern mit einer Behinderung ist es oft nur schwer möglich, einem standardisierten Untersuchungsgang zu folgen. Trotzdem muss versucht werden, gegebenenfalls bei mehreren Untersuchungen alle wichtigen Daten möglichst konsequent und vollständig zu erfassen.

Tabelle 6: Schema für die neuropädiatrische Untersuchung

- Verhalten bei der Untersuchung, Sprachäußerungen, Stimme
- Haut und sichtbare Schleimhäute
- Kopf (Form, Haltung, Beweglichkeit, Stirn, Gesicht)
- Augen (Lidachsen, Lidspalten, Augenbrauen, Wimpern,

Innenwinkel,Augäpfel, Abstand, Beweglichkeit, Konjunktiven, Skleren, Iris, Cornea, Sehvermögen)

- Ohren (Ohrmuschel, Ohrläppchen, Gehörgang, Hörvermögen)
- Nase (Form, Knorpel, Durchgängigkeit, Riechen, Philtrum)
- Mund (Form, Lippen, Schleimhaut, Zahnfleisch, Zähne, Zunge, Gaumen, Rachen, Tonsillen, Schmecken)
- Hals (Form, Beweglichkeit, Schilddrüse, Lymphknoten)
- Wirbelsäule (Form, Muskeln, Beweglichkeit)
- Brustkorb (Form, Weichteile)
- Schultergürtel, Arme, Hände
- Beckengürtel, Beine, Füße
- Atmungsapparat, Herz-Kreislaufsystem
- Bauchorgane, Genitale
- Neurologischer Befund: Muskeltonus, Sensibilität, Muskeleigenreflexe, Fremdreflexe, Hirnnervenfunktionen, Koordination, motoskopische Beurteilung

Dies gelingt auch in schwierigen Situationen, wenn ausreichend Zeit verfügbar ist und eine vertrauensvolle Atmosphäre hergestellt werden kann. Für den Arzt ist es hilfreich, die Unterstützung einer dem Kind vertrauten Person zu haben, die dann während der Untersuchung gleich über auffallende Befunde und deren Bedeutung informiert werden kann.

Die ärztliche Untersuchung hat zum Ziel, den Entwicklungsstand und das aktuelle Verhalten zu beurteilen sowie zur Frage der für eine Beeinträchtigung verantwortlichen Ursache(n) (Ätiologie) und ihrer Entstehungsgeschichte (Pathogenese) Stellung zu nehmen. Dies erfordert dann aber vielfach weitere Informationen, die nach Kenntnis von Anamnese und klinischem Befund gezielt, schrittweise und rationell, möglichst ohne Belastung für Kind und Eltern gewonnen werden müssen.

Große diagnostische Bedeutung haben bildgebende Verfahren (Ultraschall, Computer- und vor allem Magnetresonanztomographie), die heute bei jedem Kind mit einer deutlichen Entwicklungsstörung bzw. Beeinträchtigung eingesetzt werden müssen (ggf. mit speziellen Auswerteverfahren). Damit sind Strukturveränderungen des Gehirns und des Rückenmarks zu erfassen, die pränatal als Fehlbildungen oder durch Differenzierungsstörungen (Dysplasien) entstanden sind, auch residuale Schäden nach perinatalen Komplikationen (durch Sauerstoffmangelzustände bedingter Gewebsuntergang) oder postnatal erworbene Schäden. Mit der Untersuchung können fortschreitende (progrediente) Erkrankungen (Tumoren, chronische Entzündungen, neurometabolische und neurodegenerative Leiden) mit großer Verlässlichkeit als Ursache nachgewiesen oder ausgeschlossen werden, die meist zu einem „Entwicklungsknick" führen.

Durch neurophysiologische Untersuchungen werden Veränderungen der hirnelektrischen Aktivität beurteilt. So zeigt das Elektroenzephalogramm (EEG) bei epileptischen Anfällen, oft auch im anfallsfreien Intervall (interiktal) relativ charakteristische Veränderungen (hypersynchrone Aktivität, spezifische Graphoelemente) und kann auch einen Hinweis auf die Lokalisation der Störung (umschrieben-fokal oder generalisiert) geben. Über die Leistungsfähigkeit des Gehirns sagt das EEG jedoch nichts aus. Die Untersuchung ist immer erforderlich, wenn anfallsartige Symptome beobachtet werden (evtl. auch Ableitung im Schlaf) oder wenn deutliche Veränderungen im Entwicklungsverlauf vorkamen, für die es keine umweltbedingte Erklärung gibt. Mit der Ableitung evozierter Potentiale (EVP) kann die Reizverarbeitung im Nervensystem verfolgt werden (visuell, akustisch, sensorisch), was die Prüfung der Funktionsfähigkeit von Sinnesorganen ergänzt (Sehen, Hören, Fühlen).

Dafür sind spezielle apparative Voraussetzungen erforderlich. Das gilt auch für die Beuteilung des neuromuskulären Systems durch eine Elektromyographie (EMG) mit Bestimmung der Nervenleitungsgeschwindigkeit (NLG), die bei Muskelschwäche oder -schwund (Muskelatrophie, Muskeldystrophie) bzw. einer Störung der peripheren Nerven erforderlich wird.

Bedeutsam für die ätiologische Differenzierung sind oft biochemische und gezielte molekulargenetische Analysen oder der Nachweis von durchgemachten bzw. chronischen Infektionen und von Immunvorgängen durch serologische Tests sowie die Bestimmung von Antikörpern (z. B. Autoantikörper). Da es sich vielfach um recht aufwändige Untersuchungen handelt, sollten sie nur bei gut begründetem Verdacht eingesetzt werden. Gegebenenfalls sind aktuelle Informationen über den jeweiligen Stand der diagnostischen Möglichkeiten bei Spezialinstituten einzuholen.

Biochemische Analysen werden immer dann erforderlich, wenn es Hinweise auf ein Fortschreiten (Progredienz) der Beeinträchtigung gibt, zum Beispiel durch einen „Entwicklungsknick". Vielfach reicht zunächst ein Stoffwechselscreening aus, bei dem die wichtigsten metabolischen Krankheiten und Hormonstörungen (Schilddrüsenunterfunktion) mit relativ einfachen Methoden erfasst werden. Falls erforderlich, müssen spezielle Untersuchungen an Blut, Liquor oder Hautfibroblasten erfolgen.

Eine zytogenetische Untersuchung ist indiziert, wenn nach dem klinischen Befund eine Chromosomenanomalie zu vermuten ist, bei der Kombination von Entwicklungsstörung, Kleinwuchs und somatischen Anomalien. Molekulargenetische Analysen bringen bei genetischen Syndromen oder erblichen Krankheiten weiteren Aufschluss durch Nachweis der verantwortlichen Gene und ihrer Genprodukte, so durch den Befund des FMR1-Gens bei Fragilem-X-Syndrom oder des MeCP2-Gens bei Rett-Syndrom; mit Hilfe des Next Generation Sequencing sind heute manche unklaren Störungen aufzuklären (Exom- bzw. Genomsequenzierung).

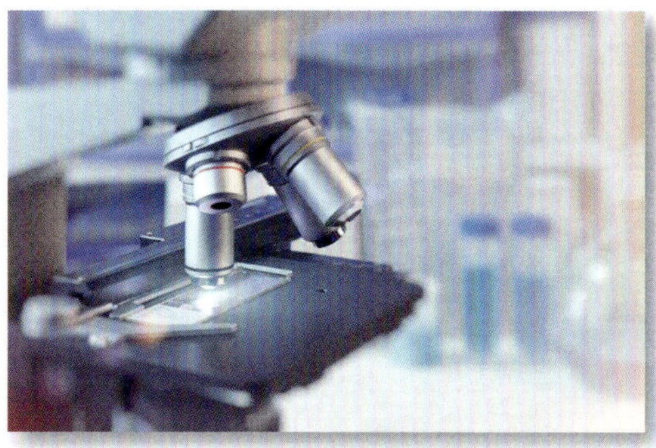

3.5 Konsequenzen der ärztlich-heilpädagogischen Diagnostik

Im Verlauf der Untersuchung wird auf das Vorkommen von kombinierten Beeinträchtigungen geachtet, die bei Entwicklungsstörungen und Behinderungen nicht selten zu finden sind, zum Beispiel Kombination von Intelligenzminderung mit Sinnesstörungen, Anfällen und Verhaltensauffälligkeiten, besonders bei genetischen Syndromen (Verhaltensphänotyp). Letztlich ist immer zu versuchen, eine möglichst umfassende „Bestandsaufnahme" zu erreichen und im Ergebnis der Diagnostik nicht nur Ätiologie und Pathogenese, sondern vor allem die festgestellten Funktionsbeeinträchtigungen anzugeben (siehe Kapitel 2.5, Abbildung der ICF).

Diese notwendigerweise am Defizit orientierte Sicht muss jedoch dadurch ergänzt werden, dass auch etwas über vorhandene Stärken und besonders gut ausgebildete Fähigkeiten bzw. Fertigkeiten ausgesagt wird. Im Rahmen der interdisziplinären Diagnostik, an der die beteiligten Fachleute schon während der Eingangsuntersuchung je nach ihrer besonderen Kompetenz mitwirken sollten, bekommt dieser Aspekt für eine auf therapeutische Erziehung ausgerichtete Diagnostik dann eine ganz wesentliche Bedeutung, zumal es nicht immer möglich ist, trotz Einsatz der modernsten Verfahren Ätiologie und Pathogenese zureichend zu erklären bzw. weil sich aus deren Kenntnis nur selten therapeutische Empfehlungen ableiten lassen. Trotz aller berechtigten Kritik an der Defizitorientierung kann auf eine sorgfältige medizinische Diagnostik nicht verzichtet werden. Viele Erfahrungen zeigen, wie wichtig es für Eltern und Betroffene ist, die Ursache der Behinderung zu erfahren (Kausalitätsbedürfnis). Sind keine ausreichend sicheren Antworten möglich, führt dies leicht zu unberechtigten Schuldzuweisungen und Vorwürfen bzw. veranlasst weiteres Suchen („Ärztehopping") mit oft widersprüchlichen Aussagen und weiteren Enttäuschungen. Offenbar ist unser Kausalitätsbedürfnis so groß, dass es einfacher ist, mit einer auch wenig günstigen Diagnose zu leben statt im Ungewissen zu bleiben.

Da durch Weiter- und Neuentwicklung von Methoden sich andere Möglichkeiten ergeben können, ist es sinnvoll, auch bei Jugendlichen und Erwachsenen mit Behinderung ungeklärter Ursache in gewissen Abständen wieder eine gezielte Diagnostik zu veranlassen (z. B. mit modernen molekulargenetischen Methoden).

Wichtig ist die Diagnose auch, um die jeweils gegebene Funktionsfähigkeit bzw. deren Beeinträchtigung zu verstehen sowie etwas zur absehbaren Entwicklungsprognose auszusagen.

Eltern wollen wissen, was die Befunde zu bedeuten haben, wie sie sich auf das Verhalten des Kindes auswirken und welche Veränderungen in Zukunft zu erwarten sind. Verlässliche Antworten sind nur dann möglich, wenn diagnostisch Klarheit besteht. Dies gilt besonders auch für genetische Zusammenhänge, zum Beispiel bei genetischen Syndromen mit einem bestimmten Wiederholungsrisiko für die Überlegungen zur Familienplanung.

Bei der interdisziplinären Diagnostik bringt der Arzt seine spezifisch medizinische, naturwissenschaftlich orientierte Sichtweise ein. Er muss seine Beobachtungen und die erhobenen Befunde für Eltern und andere Fachleute verständlich darstellen und ihre Bedeutung erklären. Unterschiedliche Feststellungen zum Beispiel bei der Beobachtung des Verhaltens müssen besprochen und aufeinander abgestimmt werden. Von den beteiligten Disziplinen aufgeworfene Fragen und Probleme zu medizinisch relevanten Aspekten sind zu erörtern. Dabei kann der Arzt auch durch seine Kenntnis der psychosozialen Situation einen Beitrag zum Verständnis beitragen.

Interdisziplinäre Diagnostik im Rahmen der therapeutischen Erziehung muss stets die Sichtweise der anderen beteiligten Professionen angemessen berücksichtigen, so den psychologischen bzw. neuropsychologischen Befund, die heilpädagogischen Beobachtungen oder sozialpädagogischen bzw. sozioökonomischen Feststellungen.

Bei der psychologischen Untersuchung spielt die Verhaltensanalyse eine wichtige Rolle, können aber auch Testverfahren in bestimmten Bereichen differenzierte Aussagen bringen, zum Beispiel über die kognitiven Fähigkeiten und spezielle Hirnleistungen oder zum emotionalen bzw. sozialen Verhalten. Die Auswertung der Befunde, auch von strukturierten Interviews und Fragebogen, erfordert Fachwissen und Kritik, zumal viele Instrumente nicht für Menschen mit Beeinträchtigung entwickelt wurden und deshalb nicht einfach auf diese zu übertragen sind.

Für die sozialpädagogische Diagnostik sind vor allem Beziehungsaspekte und Interaktionen bedeutsam. Es soll durch Interview und Verhaltensbeobachtung, gegebenenfalls auch mit geeigneten Fragebogeninstrumenten, ein möglichst anschauliches Bild von der Lebenssituation und den psychosozialen Bedingungen gewonnen werden, immer in enger Kooperation und Abstimmung mit anderen Fachleuten.

Die heilpädagogische Diagnostik sollte von der gegebenen praktischen Situation ausgehen. Sobald der therapeutische Erzieher in der Beziehungssituation handelt, beobachtet er unwillkürlich das Verhalten des Kindes ebenso wie das Verhalten der Gruppe. Sein Handeln ist also mit diagnostischem

Tun eng verwoben. Er ist bemüht, bei fehlerhaftem Verhalten des Kindes möglichst angemessen zu handeln. Um aber wirklich passend reagieren zu können, muss zunächst versucht werden, das Verhalten des Kindes einigermaßen zu verstehen. Und das ist schwierig, denn zuerst sind nur Vermutungen möglich, wenn beispielsweise ein Kind, das sich gerade gewaschen hat, plötzlich anfängt zu weinen.

Der therapeutische Erzieher wird zunächst darum bemüht sein zu fragen, was im Kind, in seinem Denken, Fühlen und Wollen wirklich vor sich geht:

- Was will das Kind mit seinem Verhalten ausdrücken?
- Was will es mir mit diesem Verhalten sagen?
- Welche Botschaft will es mir vermitteln?
- Was bewegt es gerade zu diesem Verhalten?
- Wie kann ich es mit seinen Problemen wirklich erkennen?

Um auf diese Fragen eine befriedigende Antwort zu finden, ist eine Gliederung des diagnostischen Nachdenkens in Phasen des

- Beobachtens,
- Wahrnehmens,
- Deutens und
- Verstehens

hilfreich. Die Phasen laufen nicht nacheinander ab. Sie gehen ineinander über und ergänzen einander.

Schon beim Beobachten wird deutlich, dass nicht alles zur gleichen Zeit beachtet werden kann: Mimik und Gestik, Bewegungsabläufe, Stimme, Sprache und Atmung des Kindes. Wir treffen eine willkürliche oder auch eine unwillkürliche Auswahl. Dabei können wir Wichtiges übersehen und Nebensächliches hervorheben oder eine Bestätigung von Annahmen suchen und finden.

Und beim Wahrnehmen werden wir dessen gewahr, was wir eben beobachtet haben. Auf dem Hintergrund unserer Lebens- und Berufserfahrungen, unserer Kenntnisse, unseres Denkens und Empfindens geben wir dem beobachteten Verhalten einen Sinn.

Doch wie sollen wir das wahrgenommene Verhalten deuten? Es kann mehrere Bedeutungen haben und als therapeutische Erzieher können wir zu unzutreffenden oder widersprüchlichen Schlussfolgerungen kommen.

Wir werden deshalb versuchen das beobachtete Verhalten vor unserem „inneren Auge" wiederholt ablaufen zu lassen und noch einmal zu überlegen, welchen Sinn das Verhalten nun wirklich haben könnte. Vielleicht kommen wir dann zu einer Deutung, die der tatsächlichen Situation des Kindes weitgehend entspricht.

Schließlich versuchen wir das gedeutete Verhalten zu verstehen. Wir werden hier nach den psychischen Bedingungen, aber auch nach den körperlichen und sozialen Bedingungen des ungewöhnlichen Verhaltens fragen. Und wir werden immer wieder noch einmal zurückgehen und noch einmal beobachten, wahrnehmen und deuten, um zu einem „angemessenen und möglichst zutreffenden Verstehen zu kommen." (Sautter 2000, S. 86, Klein 2015, S. 222 f.)

3.6 Schlussbemerkung

Bevor geeignete Behandlungsmaßnahmen geplant und ein Konzept der individuellen therapeutischen Erziehung erarbeitet wird, müssen im Team die jeweiligen diagnostischen Feststellungen der beteiligten Disziplinen dargestellt und diskutiert werden.

Ziel muss sein, zu einem gut abgestimmten Urteil zu kommen und den gestellten Problemen möglichst weitgehend gerecht zu werden. Gelingt dies nicht, sind gegebenenfalls ergänzende Daten zu sammeln. Immer sollten Prioritäten festgelegt werden, die sich auf das praktische Handeln und die jeweils beteiligten Fachleute beziehen. Bedeutsam sind dabei zeitliche Dimensionen, wie das Formulieren von Nahzielen und kleinen Schritten, ohne die individuell wesentliche Zielsetzung aus dem Auge zu verlieren.

Beim Umsetzen medizinisch-therapeutischer und heilpädagogischer Empfehlungen spielen nicht immer nur fachliche Aspekte eine Rolle, sondern auch emotionale Gesichtspunkte sind zu berücksichtigen. Interdisziplinäre Kooperation setzt Vertrauen und Verständnis voraus; neben einem fundierten Fachwissen müssen erforderliche Kompetenzen von allen Mitarbeitenden in Teamgesprächen, durch Supervision und kontinuierliche Fort -und Weiterbildung erworben werden.

Kapitel 4: Behandeln und Beraten bei therapeutischer Erziehung

Aufgabe und Ziel des Arztes beim Behandeln ist nach alter hippokratischer Tradition die Heilung von Krankheiten, aber auch die Begleitung der Menschen, die als „Leidende", als Patienten zu ihm kommen. In der sich ergebenden zwischenmenschlichen Situation muss zunächst die vorliegende Situation mit der Störung von Befinden oder Gesundheit erfasst werden (Diagnose), sind deren Ursachen und Entstehungsgeschichte (Ätiologie und Pathogenese) zu erkennen bzw. nachzuweisen und ist nach Möglichkeiten der Behandlung (Therapie) zu suchen, ohne dabei zu schaden (Prinzip des „primum nil nocere!").

Diesem traditionellen Verständnis von heilender Medizin entspricht jedoch vielfach nicht die Realität bzw. ihm ist in der Praxis eher selten zu folgen. Deshalb haben sich im Verlauf der Geschichte die Auffassungen und Vorstellungen von Therapie und ihren Zielen immer wieder gewandelt. Handlungsgrundsätze werden dabei vom Kenntnisstand der Medizin, aber auch von den Patienten und ihren Bedürfnissen bestimmt. Immer wieder erlebt man, dass die erstrebte Heilung nicht gelingt bzw. unmöglich ist. In solchen Situationen zeigt sich eine Ohnmacht der Medizin trotz all ihrer durch die naturwissenschaftlich orientierte Forschung der vergangenen 200 Jahre erreichten Fortschritte, vor allem bei (noch) unheilbaren Krankheiten wie auch bei bleibenden Beeinträchtigungen infolge angeborener Störungen oder als unvermeidbare Folge mancher Krankheiten. Dann ist weniger eine heilende, die kurative Medizin gefragt, sondern ein an den Symptomen orientiertes (symptomatisches oder palliatives) Vorgehen. Dieses soll Leiden lindern und Beschwernisse mindern. Es sind dabei aber auch jene fast immer vorhandenen Möglichkeiten aufzuspüren und zu unterstützen, die betroffene Menschen befähigen, trotz einer Beeinträchtigung (Behinderung, Handicap) ihre individuellen Fähigkeiten zu entfalten und am Leben in der Gesellschaft teilzunehmen (Inklusion, Partizipation, Teilhabe).

Eine Behandlung im umfassenden Sinn, wie sie im Rahmen der therapeutischen Erziehung angezeigt und notwendig sein kann, umfasst das Bemühen, Funktionsstörungen und Beschwerden zu bessern sowie mit geeigneten Maßnahmen auf Befindlichkeit, Leistungsfähigkeit und Anpassungsvermögen einzuwirken, die therapeutische Erziehung also zu unterstützen oder gar erst zu ermöglichen. In diesem Zusammenhang ist darauf hinzuweisen, dass die Definitionen von Krankheit und Behinderung nicht identisch sind. (Neuhäuser et al. 2013)

Während eine Erkrankung im Allgemeinen zeitlich begrenzt auftritt, gehört Beeinträchtigung in ihrer jeweils spezifisch individuellen Ausprägung zum So-Sein des betroffenen Menschen und kann nicht einfach „beseitigt" werden. Manche Menschen mit Behinderung sind für bestimmte Krankheiten besonders disponiert, deshalb ist bei ihnen auf hinweisende Symptome sorgfältig zu achten. Diese können dabei verändert und nicht einfach zu deuten sein (z. B. eine depressive Verstimmung bei Menschen mit Down-Syndrom).

Dass jeder Behandlung eine pädagogische Komponente zukommt, wird im gemeinsamen Bemühen bei therapeutischer Beziehung deutlich (Kobi 2005). Deshalb werden hier einige grundsätzliche Aspekte dargestellt, die sich aus ärztlicher Sicht für die Praxis als bedeutsam erwiesen haben. Dabei kann die interdisziplinäre Kooperation bei Menschen mit schwerer und mehrfacher Behinderung beispielhaft zeigen, welche Möglichkeiten es gibt und welche Grenzen zu berücksichtigen bzw. zu akzeptieren sind.

4.1 Medizinisch-ärztliche Behandlung

Mit einer speziellen, auf eine bestimmte Störung bzw. Erkrankung ausgerichteten Therapie strebt man im Idealfall eine *„kausale Wirkung"* an: Durch Beseitigung der Ursache (causa) soll das Übel an der Wurzel gepackt und beseitigt werden. Beispielsweise kann die antibiotische Behandlung bakterieller Infektionen rasch Heilung erreichen: Therapie mit Penicillin beseitigt bei Scharlach wirksam die verantwortliche Streptokokkeninfektion und verhindert deren nachteilige Folgen, die früher nicht selten zu lang dauernden Komplikationen mit Beeinträchtigung der Nierenfunktion oder zu rheumatischen Beschwerden, auch neurologischen Symptomen geführt haben.

Vielfach ist die eigentliche Ursache einer Krankheit, Störung oder Beeinträchtigung nicht bekannt oder nicht zu beeinflussen, also eine kausale Therapie unmöglich. Dann können nur Symptome beeinflusst und verändert werden, man spricht deshalb von *symptomatischer* oder *palliativer* Behandlung. Viele der heute gebräuchlichen Behandlungsverfahren ändern lediglich Teilaspekte in einem komplexen Wirkgefüge. Trotzdem kann aber durch Einfluss auf das Gesamtsystem ein günstiges Resultat erzielt werden, wie sich oft vor allem bei Entwicklungsstörungen und Behinderungen zeigt, die ja meist durch mehre Faktoren bedingt sind (exogene und endogene Einflüsse, siehe Kapitel 3).

4.1.1 Behandlung mit Medikamenten (Arzneimittelbehandlung, pharmazeutische Therapie)

Die Anwendung von chemischen Substanzen, aber auch von pflanzlichen und tierischen Produkten, hat eine lange Tradition in der medizinischen Therapie, die zuerst auf Erfahrungen und Ausprobieren beruhte. Mit der Entwicklung von Chemie und Physik, Biochemie und Biophysik, Physiologie und Pharmakologie als Grundlagenwissenschaften sind dann die methodischen Voraussetzungen für eine experimentelle Prüfung der angewandten Verfahren geschaffen worden: Man analysiert, wie der Körper ein Medikament aufnimmt (Resorption, meist über den Verdauungstrakt), auf welche Weise es sich im Organismus verteilt (Distribution über die Blutbahn), wie es sein Ziel erreicht, wo und auf welche Weise es dort seine Wirkung entfaltet (Zielorgan), ob und wie es sich im Stoffwechsel verändert (Metabolismus) und letztlich ausgeschieden wird (Elimination mit Galle, Stuhl, Urin, Schweiß). Heute ist es mit molekulargenetischen Methoden oftmals möglich, den Angriffspunkt genau zu bestimmen, zum Beispiel gewisse Rezeptoren an Zellen zu identifizieren, die mit dem Medikament interagieren, so dass die spezifische Wirkung des Mittels exakt zu erklären ist. Erst wenn man die Eigenschaften eines Mittels kennt, sind genaue Angaben über Wirkungen, aber auch Nebenwirkungen (Begleiterscheinungen) möglich.

Die Prüfung eines neuen Medikamentes erfolgt vielfach zunächst im Tierversuch, auf den in diesem Zusammenhang häufig noch nicht zu verzichten ist, der aber zunehmend durch spezielle molekularbiologische Methoden ersetzt werden kann. Erst dann folgen klinische Beobachtungen, bei denen für verlässliche Aussagen biostatistische Vorgaben zu berücksichtigen sind, zum Beispiel im Rahmen einer Plazebo-kontrollierten Doppel-Blindstudie.

Es ist also ein langer Weg, bis neue Medikamente die erforderliche Zulassung für die Praxis erreicht haben. Den Abschluss bildet nach dem immer wieder aktualisierten Arzneimittelgesetz eine Prüfung und Zulassung durch das Bundesinstitut für Arzneimittel und Medizinprodukte bzw. die Aufnahme in den Heilmittelkatalog durch den Gemeinsamen Bundesausschuss der Krankenkassen (Indikationen, Altersbereiche). Bei Kindern sind besondere Voraussetzungen zu beachten und vielfach eigene Prüfverfahren nötig, um die besonderen Stoffwechselverhältnisse des sich entwickelnden Organismus zu berücksichtigen und mögliche Langzeitfolgen zu bedenken.

Falls ein Medikament eingesetzt werden muss, das bei Erwachsenen bewährt ist, aber noch keine Zulassung für jüngere Altersgruppen hat, muss die Behandlung im „off label use" als „individueller Heilversuch" erfolgen. Die Zustimmung der Eltern, gegebenenfalls auch des Kindes ist dann erforderlich und muss schriftlich erteilt werden.

Als kausale Therapie ist bei Entwicklungsstörungen die Gabe von *Hormonpräparaten* anzusehen, wenn ein entsprechender Mangel nachgewiesen wurde, zum Beispiel die Substitution mit Thyroxin bei angeborener (oder erworbener) Schilddrüsenunterfunktion (Hypothyreose). Eine solche Störung kann mit einem Screening-Test schon im Neugeborenenalter erkannt werden, so dass eine drohende schwere Entwicklungsstörung (Myxödem, Kretinismus) durch frühzeitige Hormongabe zu verhindern ist, da durch die kontrollierte Verabreichung des Schilddrüsenhormons eine normale Ausbildung des Nervensystems gewährleistet wird.

Ähnlich gestaltet sich die Behandlung bei manchen *Stoffwechselstörungen* („inborn errors of metabolism"), bei denen es durch Ansammlung abnormer Produkte in den Zellen oder durch Störung von Aufbauprozessen zu einer fortschreitenden Behinderung kommen kann. Ein erfolgreiches Beispiel ist die Phenylketonurie (PKU, Föllingsche Krankheit), eine Störung des Stoffwechsels der essentiellen Aminosäure Phenylalanin: Nach der Frühdiagnose im Rahmen des Neugeborenen-Screenings (Guthrie-Test) wird durch geeignete Diät die schädliche Vermehrung des Phenylalanin und seiner Stoffwechselprodukte reduziert und damit verhindert, dass es zu einer Schädigung des sich entwickelnden Nervensystems kommt (Ausbildung von Dendriten und Synapsen). Streng genommen handelt es sich nach dieser primären Prävention nicht um eine kausale Therapie, da die eigentliche Ursache, nämlich eine autosomal-rezessiv vererbte Genmutation und der dadurch verursachte Mangel am Enzym Phenylalaninoxidase, nicht beseitigt werden kann.

Als symptomatische Maßnahme schafft die Diät-Therapie bei guter Kontrolle aber eine Stoffwechselsituation, die weitgehend ungestörte Entwicklungsmöglichkeiten gewährleistet. Kausal wäre dem gegenüber eine „Reparatur" der verantwortlichen Mutation, die mit einer „Genschere" möglicherweise in Zukunft realisiert, deren Konsequenzen aber noch nicht abgesehen werden können.

Unter den *symptomatischen* medikamentösen Therapieverfahren spielt die *antikonvulsive* oder *antiepileptische* Behandlung eine wichtige Rolle. Sie wird beim Auftreten von zerebralen Anfällen erforderlich, wenn sich diese öfter wiederholen (Epilepsie). Etwa 0,4 bis 0,6% der so genannten Normalbevölkerung sind davon betroffen. Relativ oft beginnt die Anfallskrankheit schon im Kindesalter. Bei Menschen mit geistiger Behinderung oder mit zerebralen Bewegungsstörungen (ICP) ist mit einer Häufigkeit von 30% zu rechnen. Vielfach kann die Ursache einer Epilepsie nicht beseitigt werden, wenn sie nämlich das „Residuum" eines früher entstandenen Schadens ist (Folge von Fehlbildungen oder Differenzierungsstörungen, Entzündungen, Durchblutungsstörungen), eine symptomatische oder residuale Epilepsie. Mitunter wird eine Ursache selbst mit den heute verfügbaren Methoden nicht gefunden bzw. spielen hauptsächlich genetische Faktoren eine Rolle (unklare, idiopathische bzw. genuine oder kryptogene Epilepsie). Diese lassen sich allerdings manchmal durch gezielte molekulargenetische Untersuchungen nachweisen, sie führen zu Veränderungen an den für Erregungsbildung und -ausbreitung bedeutsamen Ionenkanälchen der Nervenzellmembranen. Prozess-Epilepsien entstehen durch fortschreitende Erkrankungen, zum Beispiel bei degenerativen oder metabolischen Störungen sowie bei Hirntumoren, die nur bei günstiger Lokalisation vollständig zu entfernen sind und dabei auch bleibende Narben als Residuum hinterlassen können.

Die Gabe eines Antikonvulsivums oder Antiepileptikums soll durch den Einfluss auf die gesteigerte hirnelektrische Aktivität cerebrale bzw. epileptische Anfälle nach Möglichkeit verhindern oder wenigstens ihre Ausprägung oder Häufigkeit mindern. Damit sind offenbar auch manche Selbstheilungskräfte des Körpers zu unterstützen. Jedenfalls darf man davon ausgehen, dass etwa 70 bis 80% der bei Kindern auftretenden Epilepsien durch geeignete Medikamente günstig zu beeinflussen sind und nicht selten nach ausreichend langer Behandlung für immer ausbleiben, also Heilung zu erreichen ist. (Neubauer/Hahn 2012) Dies hängt allerdings von Ursache, Lokalisation und Ausbreitung der verantwortlichen Störung ab und trifft gerade bei Menschen mit schwerer Behinderung öfter nicht zu. Wenn sich Anfälle nicht befriedigend beeinflussen lassen, muss vielfach nach einem Kompromiss gesucht werden: Nebenwirkungen der Medikamente auf das Verhaltern sollten möglichst gering sein und Anfallsfreiheit nicht mit Müdigkeit oder gar Apathie erzwungen werden. Gelegentlich auftretende Anfälle können in der Nachphase wie ein Gewitter sogar eine ausgleichende Wirkung haben, so dass man sie nicht unterdrücken sollte (besonders wenn ihnen schwieriges Verhalten vorausgeht). Den richtigen Weg zu finden, setzt eine enge Kooperation zwischen Eltern/Erziehern und Ärzten voraus; epileptische Kompetenz ist, sofern die eigenen Möglichkeiten ausgeschöpft sind, durch die Zusammenarbeit mit einem Epilepsie-Zentrum oder Sozialpädiatrischen Zentrum in der Umgebung zu sichern (Auskunft bei der Deutschen Sektion der Internationalen Liga gegen Epilepsie, Bethel/Bielefeld; siehe auch www.dgfe.org/home).

Wie bei jeder Langzeitbehandlung muss auch bei der Gabe von Antiepileptika ganz besonders auf *Nebenwirkungen und Begleiterscheinungen* geachtet werden, die sich in einer Beeinträchtigung von Wachheit und Bewusstsein, in Unsicherheit und Koordinationsstörungen oder auch durch Veränderungen des Blutbildes und verschiedenen, die Leber- und Nierenfunktion anzeigenden Laborwerten äußern können. Es sind deshalb regelmäßig Kontrollen erforderlich, bei denen nach derartigen Komplikationen gesucht wird, um sie möglichst rasch zu erkennen und notwendige Gegenmaßahmen zu ergreifen. Dies gilt in besonderem Maße für Menschen mit schwerer und mehrfacher Behinderung, die Beschwerden oder Empfindungen oft nicht in der üblichen Weise zu äußern vermögen.

Selbst wenn die pharmakologischen Eigenschaften der gebräuchlichen Mittel meist gut bekannt sind, muss man immer wieder mit individuellen Besonderheiten rechnen. Gesunde Kinder und Jugendliche reagieren nicht selten auffallend empfindlich oder unerwartet. Dies mag mit einer besonderen Disposition bzw. mit genetischen Faktoren zusammenhängen, welche Verträglichkeit und Wirksamkeit der Mittel variieren; es ist aber nicht immer befriedigend zu erklären, warum zum Beispiel eine „paradoxe Wirkung“ auftritt, also ein beruhigendes Medikament zu vermehrter Unruhe führt. Wieder kommt es darauf an, durch sorgfältige Beobachtung sicherzustellen, dass alle auftretenden Effekte genau und zuverlässig erfasst (Anfallskalender, Beobachtungsbogen) und rasch die notwendigen Maßnahmen eingeleitet werden.

Symptomatisch wirksame Medikamente zur Beeinflussung von Entwicklungsprozessen, beispielsweise zur „Anregung“ von Hirnfunktionen im Sinn einer *„Intelligenzpille“* gibt es nicht. Wenn solche Wirkungen versprochen werden, muss man die Angaben sehr kritisch prüfen und wird rasch fest-

stellen können, dass sie auf falschen Voraussetzungen beruhen. Es sind nur manche psychische Funktionen durch bestimmte Medikamente zu unterstützen, zum Beispiel sind Aufmerksamkeit und Konzentrationsfähigkeit mit Psychostimulantien oder Nootropika zu beeinflussen. (Blanz et al. 2006)
In Zusammenhang damit treten mitunter auch allgemein erwünschte Verhaltensänderungen oder eine Leistungssteigerung auf, so dass in bestimmten Situationen eine derartige Behandlung hilfreich sein kann, allerdings immer nur zeitlich begrenzt.

Die Anwendung von *Psychopharmaka* zur Beruhigung von Menschen mit schwerer Behinderung und mit störendem bzw. herausforderndem Verhalten ist weit verbreitet, besonders in Einrichtungen. Dabei kann immer wieder beobachtet werden, dass die Häufigkeit der Verordnung und die Höhe der verwandten Dosen sehr davon abhängen, wie die Betreuungssituation (Personalschlüssel, Räumlichkeiten) aussieht und welche pädagogischen Grundsätze Gültigkeit haben (Leitbild) und dass Persönlichkeit und Haltung der Heilpädagogen, Erzieher bzw. Betreuer (Assistenten, Integrationshelfer) eine wichtige Rolle spielen. Es darf keinesfalls die Regel sein, störendes Verhalten sofort durch Medikamente, mit einer „chemischen Keule", beseitigen zu wollen. Immer sind zunächst Verhalten, Interaktionen und pädagogische Maßnahmen genau zu analysieren; vielfach ist dann schon die für eine aktuelle Schwierigkeit verantwortliche Ursache zu erkennen und entsprechend zu (be)handeln. Andererseits kann es mit einem überlegten und gezielten, dann meist auch zeitlich begrenzten und möglichst niedrigen Einsatz geeigneter Psychopharmaka gelingen, heilpädagogische Bemühungen zu unterstützen, ja erst zu ermöglichen. Dafür sind jedoch eine umfassende, gründliche Diagnose und sorgfältige Verhaltensanalyse entscheidend, ferner gute Kenntnis verfügbarer Medikamente und ihrer positiven wie negativen Wirkungen. Sicher ist es ratsam, sich auf wenige, aber gut vertraute Mittel zu beschränken, obwohl sich mit der Entwicklung neuer Mittel (Neuroleptika der 2. Generation) nicht selten auch die Möglichkeiten erweitern bzw. spezifische Effekte erreichen lassen. (Häßler/Fegert 2000)

Die medikamentöse Behandlung bei störendem und herausforderndem, vor allem bei selbstverletzendem und fremdaggressivem Verhalten erfordert eine besonders enge Kooperation zwischen dem das Mittel verordnenden Arzt und den Erziehenden, zum Beispiel in regelmäßigen Teamgesprächen oder bei Supervisionen. Nur wenn die Voraussetzungen für eine solche ärztlich-pädagogische Zusammenarbeit bei der therapeutischen Erziehung stimmen, können die positiven Möglichkeiten der medikamentösen Therapie wirklich ausgeschöpft werden.

Ganz allgemein kann ja eine akute oder chronische Verhaltensänderung Ausdruck einer psychischen Störung oder Erkrankung sein, die damit ihre ersten Symptome zeigt und auch bei Menschen mit Beeinträchtigung zusätzlich auftreten kann (dual diagnosis). Dann wäre es vom Arzt unethisch, dem Patienten die geeignete Therapie vorzuenthalten, zum Beispiel die Gabe eines geeigneten Antidepressivums bei einer endogenen Depression bzw. bipolaren Störung oder eines Neuroleptikums bei psychotischen Erkrankungen aus dem schizophrenen Formenkreis.

Körperliche Symptome, besonders wenn sie bei Menschen mit Behinderung vorkommen, erfordern ebenfalls eine gründliche Diagnostik und müssen gegebenenfalls medikamentös in gleicher Weise behandelt werden wie bei jedem Patienten, zum Beispiel Herz-Kreislaufbeschwerden oder Schmerzzustände unterschiedlicher Ursache. Zu berücksichtigen ist, dass sich bei Menschen mit Behinderung wie bei Kindern die Beschwerden oft nicht ohne weiteres zuordnen bzw. einordnen lassen und dass eine subjektive Schilderung vielfach nur begrenzt möglich ist; das Schmerzempfinden kann individuell sehr unterschiedlich ausgeprägt sein. Nicht selten äußern sich körperliche Krankheiten zunächst durch eine Verhaltensänderung, deshalb kann die Diagnose in der akuten Situation, zum Beispiel bei Appendizitis (umgangssprachlich Blinddarmentzündung) oder Darmverschluss, recht schwierig sein.

Um vermeidbaren Krankheiten vorzubeugen, bzw. sie rechtzeitig zu erkennen, sind die üblichen präventiven Maßnahmen wichtig. (siehe Kapitel 5.1.2 Prävention) Sie werden bei Menschen mit schwerer Behinderung nicht selten vernachlässigt, zum Beispiel Krebsvorsorge, Mund- und Zahnhygiene, Vermeiden von Übergewicht bzw. Adipositas und anderen Gesundheitsrisiken. Ärztliche Untersuchungen müssen in regelmäßigen Abständen veranlasst und durchgeführt werden, um Risikosituationen frühzeitig zu erkennen bzw. ihnen wirksam vorzubeugen. (Bode et al. 2016)

Verhaltensänderungen müssen stets als ein Signal aufgefasst werden, das auf eine Störung im komplexen Wechselspiel zwischen Individuum und Umwelt hinweist. Sie können erstes Symptom einer körperlichen Krankheit (zum Beispiel psychosomatische Störungen) und/oder durch einen Konflikt bedingt sein, der sich bei den Interaktionen mit den Menschen der Umgebung ergeben hat bzw. durch Umweltfaktoren, die ungünstig auf die Befindlichkeit wirken. Eine hilfreiche Therapie wird erst dann möglich sein, wenn die Ursache erkannt ist, was sorgfältige diagnostische Feststellungen voraussetzt, bei denen auch dem therapeutischen Erzieher wichtige Aufgaben zukommen.

4.1.2 Chirurgische Maßnahmen

Operationen können wegen verschiedener Organstörungen notwendig werden. Für Menschen mit schwerer Behinderung bedeuten sie immer eine große Belastung und wie bei Kindern die Auseinandersetzung mit einer ungewohnten, oft beängstigenden Situation. Bei bestimmten Syndromen gibt es ein besonderes *Narkoserisiko*, zum Beispiel eine maligne Hyperthermie (unbeherrschbares Fieber) bei Muskelkrankheiten, auf das der Anästhesist zu achten hat; deshalb ist eine Untersuchung vor der Operation recht wichtig, um solche und andere Risikofaktoren zu erkennen.

Nach Möglichkeit sollten vertraute Personen die Patienten begleiten, weil das Pflegepersonal der chirurgischen Fachkliniken im Umgang mit den speziellen Problemen einer Behinderung meist wenig erfahren ist. Kinder sollten nach Möglichkeit von Kinderchirurgen oder in Kinderabteilungen von Fachkliniken operiert werden. Dies gilt auch für Notfallsituationen, die eine Klinikaufnahme erfordern. Selbst in (kinder)psychiatrischen Einrichtungen erlebt man immer wieder, dass es für Menschen mit schwerer Behinderung und/oder stark auffälligem Verhalten nicht die geeigneten Voraussetzungen gibt, obwohl in den letzten Jahren hier viele Verbesserungen erreicht wurden.

Falls die Ernährung große Schwierigkeiten bereitet, kann eine *Sonde* gelegt werden, die Flüssigkeit und Speisen direkt in den Magen bringt (PEG = perkutane endoskopische Gastrostomie-Sonde). Dies erfordert einen nur geringen operativen Eingriff in Lokalanästhesie. Die Erfahrungen zeigen, dass

damit eine wesentliche Erleichterung in der Pflege erreicht wird. Zusätzlich ist Nahrung durch den Mund zu verabreichen und das Schlucken weiter zu üben.

Bei *gastroösophagealem Reflux* als Folge eines verminderten Schlusses des Mageneingangs (Cardia), oft verbunden mit Hochwürgen von Speisen (Rumination), entstehen zunehmend starke Beschwerden infolge einer Entzündung der Speiseröhre (Refluxösophagitis durch den sauren Mageninhalt), es drohen dann auch narbige Veränderungen als Schluckhindernis. Unruhezustände bei Menschen mit schwerer Behinderung können damit zusammenhängen, zum Beispiel bei Cornelia de Lange-Syndrom. Sind konservative Maßnahmen erfolglos, wird eine Operation nötig, die meist einen größeren Eingriff bedeutet. (Neuhäuser 2016)

Auch im Rahmen der orthopädischen Betreuung sind Operationen angezeigt, wenn sich bei Menschen mit körperlicher Behinderung stärkere Kontrakturen oder Deformitäten entwickelt haben und Schmerzen auftreten. Die nach dem Eingriff meist unumgängliche Ruhigstellung ist schwierig und für das allgemeine Befinden ungünstig. Deshalb sollte Fehlstellungen, vor allem bei Bewegungsstörungen, frühzeitig durch Physiotherapie vorgebeugt werden. Die Indikation für Operationen und andere eingreifende Maßnahmen erfordert immer die enge Zusammenarbeit im gesamten Behandlungsteam, um Argumente aus unterschiedlicher Sicht gegeneinander abzuwägen und sorgfältig zu überlegen, welche Konsequenzen absehbar und zumutbar sind.

Vor etwa 40 Jahren wurden Möglichkeiten der kosmetischen Chirurgie zur Behandlung von Kindern mit Down-Syndrom intensiv diskutiert. Man versuchte, die Physiognomie durch plastische Eingriffe zu „verbessern" oder die Zunge zu verkleinern, um Funktionsstörungen beim Sprechen zu verändern. Sehr schnell zeigte sich aber, dass es nur selten wirklich eine Indikation für solche Maßnahmen gibt, da das Syndrom ja nicht zu beseitigen ist und sogar wesentliche Merkmale der persönlichen Identität verändert werden. Viel wichtiger ist es, auf eine bessere Akzeptanz seitens der Umwelt hinzuwirken und die Sprach- und Sprechfähigkeit durch geeignete physiotherapeutische, kieferorthopädische (Gaumenplatte) und logopädische Maßnahmen zu beeinflussen.

Als Ausdruck einer neuen Mode muss der zunehmend häufig vor allem von Jugendlichen geäußerte Wunsch gelten, ihr Äußeres zu verändern, sich zu verschönen. Von Tätowierungen bis zu operativen Eingriffen an verschiedenen Körperregionen (Gesicht, Bauch und Gesäß, Genitale) wird eine „Vollkommenheit" angestrebt, die durch Vorbilder in den Medien suggeriert wird. Zwar sind die heute angebotenen Möglichkeiten der plastischen Chirurgie („Schönheitsoperationen") vielfältig, aber stets auch mit Risken verbunden. Oft ist es besser, den eigenen Körper in seinem So-Sein zu akzeptieren, als einem Wunschbild nachzujagen, was dann zwangläufig mit einer Enttäuschung enden muss. Es gibt allerdings auch Menschen, die unter einer „Eigenheit" stark leiden (Thersites-Komplex) und bei denen eine Korrektur echt hilfreich sein kann.

4.1.3 Physikalische und physiotherapeutische Maßnahmen

Durch Anwendung von *Wärme oder Strom* in verschiedener Form (Interferenzstrom, Stromimpulse) sowie durch Schienen, *Orthesen, Einlagen oder andere Hilfsmittel* sollen vor allem Bewegungsstörungen gebessert und motorische Fähigkeiten unterstützt werden. Meist wird dies durch Wärmeentwicklung und Muskelentspannung erreicht. Immer ist kritisch zu prüfen und im Behandlungsteam zu diskutieren, ob und wie welche Methode sinnvoll sein könnte. Oft sind nur unspezifische, symptomatische Wirkungen zu erreichen, die aber im Hinblick auf die Gesamtsituation durchaus einen positiven Effekt haben können.

Physiotherapie (Krankengymnastik auf neurophysiologischer Grundlage) verfolgt das Ziel, nicht normal entwickelte oder gestörte Bewegungsabläufe zu bessern, die aufrechte Fortbewegung und den unabhängigen Gebrauch der Hände zu ermöglichen. Sie spielt vor allem in den ersten Lebensjahren eine wichtige Rolle, wenn beim Kind eine verzögerte oder abweichende Bewegungsentwicklung festgestellt wird, und kann sich an verschiedenen Verfahren orientieren (Bobath, Castillo-Morales, Vojta), die unterschiedliche theoretische Grundlagen haben und spezifische Handgriffe verwenden. (Baumann et al. 2018, Lohse-Busch et al. 2001) Dabei ist die Überlegenheit einer bestimmten Methode nicht eindeutig nachgewiesen, die Persönlichkeit der Therapeuten spielt eine wichtige Rolle.

Physiotherapie wird nicht selten lebenslang benötigt, wenn eine schwere Behinderung oder Erkrankung vorliegt, um die erreichten Bewegungsmöglichkeiten zu sichern und dem Entstehen oder Fortschreiten von Kontrakturen oder Deformitäten vorzubeugen. Wichtig sind Physiotherapie und Massage auch zur Förderung der Haut- bzw. Muskeldurchblutung und der Kreislaufregulation, wenn diese wegen geringer Bewegungsmöglichkeiten nur unzureichend trainiert werden können.

4.1.4 Ergotherapie, Logopädie und Mototherapie

Als medizinisch orientierte und von ärztlichen Assistenzberufen ausgeführte Behandlungsmaßnahmen verfolgen Ergotherapie (Beschäftigungstherapie), ***Logopädie*** (Sprachtherapie) und *Mototherapie* (Psychomotorik, psychomotorische Übungsbehandlung) wie die Physiotherapie vorwiegend das Ziel der Funktionsverbesserung, ohne dabei den zu behandelnden Menschen mit seinen vielfältigen Schwierigkeiten aus dem Auge zu verlieren. Inwieweit derartige Verfahren bei Menschen mit schwerer und mehrfacher Behinderung im Rahmen der therapeutischen Erziehung eingesetzt werden sollen und können, ist individuell zu entscheiden und hängt von bestimmten Fähigkeiten sowie von den jeweils gegebenen Möglichkeiten ab.

Allgemein werden sie bei Kindern und Jugendlichen vielfach erfolgreich eingesetzt, wenn die erforderliche Indikation (zum Beispiel Teilleistungsstörungen) gegeben ist. Falls eine Therapie für erforderlich gehalten wird – wiederum eine Entscheidung des Behandlungsteams –, muss dies entsprechend begründet und die Kostenübernahme vom Arzt bei der Krankenkasse beantragt werden. Durch Hartnäckigkeit lassen sich auch mögliche Widerstände überwinden. Im Rahmen der therapeutischen Erziehung stellen diese speziellen Verfahren, die stetig weiter entwickelt werden, eine wichtige Ergänzung der inklusiven Bemühungen dar. Sie setzen eine enge Kooperation und gute Abstimmung unter den beteiligten Fachkräften voraus, die sich durch Fort- und Weiterbildung kontinuierlich auf den aktuellen Stand der Möglichkeiten bringen müssen.

4.2 Alternative Behandlungsverfahren

Gerade bei unheilbaren oder nicht zu beeinflussenden Störungen gibt es immer wieder Versuche, durch ein von der so genannten Schulmedizin abweichendes Vorgehen Änderungen oder gar Heilung zu erzielen. Man spricht dann von alternativen oder unkonventionellen Verfahren bzw. von Außenseitermethoden. (Oepen 1993)

Sie spielen bei Kindern mit Entwicklungsstörungen oder Behinderungen eine nicht unbedeutende Rolle. nach Statistiken aus verschiedenen Ländern werden sie von etwa 30% bis 40% der betroffenen Eltern für ihre Kinder in Anspruch genommen, auch wegen ihrer vermeintlichen Unschädlichkeit. Dabei handelt es sich um Verfahren, deren Wirksamkeit aufgrund von Erfahrungen und einzelnen Beobachtungen postuliert wird, ohne dass ein wissenschaftlich fundierter Nachweis geführt wurde bzw. als notwendig gilt. Demgegenüber ist ja die Schulmedizin bemüht, ihre Maßnahmen vergleichbar zu belegen bzw. im Rahmen von randomisierten und kontrollierten Studien die Überlegenheit eines Medikamentes gegenüber anderen Faktoren bzw. einem Placebo (Scheinmedikament) statistisch zu sichern.

Die Vielzahl der heute angebotenen, manchmal geradezu angepriesenen alternativen Verfahren kann und soll hier nicht dargestellt werden. Erwähnt sei nur die verbreitete *homöopathische Medizin*, deren Behandlung auf dem Prinzip *similia similibus* fußt und nach individueller Diagnose mit hochpotenzierten, außerordentlich stark verdünnten Substanzen arbeitet. Ein natur-

wissenschaftlich begründeter Beweis der Wirkung ist bisher trotz mancher Versuche nicht erbracht worden, die Überlegenheit gegenüber einem Placebo also nicht erwiesen.

Möglicherweise kann die Gabe homöopathischer Mittel in Kombination mit anderen Medikamenten günstig sein. Auch dazu gibt es nur einzelne Beobachtungen, keine kontrollierten Studien. Problematisch bleibt, dass die vor 200 Jahren von dem Arzt Samuel Hahnemann eingeführte Homöopathie auf einem besonderen Theoriegebäude (Gleiches mit Gleichem behandeln) beruht, das sich wie die anthroposophische Medizin nur schwer mit den aktuellen naturwissenschaftlichen Grundlagen der modernen Medizin in Einklang bringen lässt (z. B. ist unklar, wie einzelne Moleküle einer Substanz, die nach extremer Verdünnung übrig bleiben, wirksam sein sollen. Physikalische Gesetze werden hier nicht berücksichtigt).

Die meisten alternativen Maßnahmen, wie *Aroma-, Stein-, Bachblüten- oder Frisch- bzw. Trockenzellentherapie* sind als unwirksam anzusehen, mitunter sogar gefährlich, wenn es nämlich zu Vergiftungserscheinungen oder heftigen allergischen Reaktionen kommt.

Manche Wirkung der alternativen Verfahren ist mit dem Placebo-Effekt zu erklären: Wird das Medikament in einer Tablette oder Kapsel verabreicht und mit einer gleichartig aussehenden ohne Wirksubstanz verglichen, wobei weder Behandelnder noch Patient wissen, um welches Präparat es sich handelte, kann immer wieder festgestellt werden, dass auch durch das Placebo eine Wirkung zu erzielen ist. Diese beträgt oft etwa 30%, mitunter sogar mehr als 60% und beruht auf verschiedenen Faktoren, die bei der Behandlung eine Rolle spielen. Immer handelt es sich ja um eine intersubjektive Beziehung. Nach den Worten von Balint verschreibt sich der Arzt auch selbst, wenn er ein Medikament verordnet.

Diese Beziehungskomponente ist bei den körperzentrierten, körpernahen Verfahren besonders intensiv, so dass Gefühle der Sympathie oder Antipathie, aber auch Vorstellungen und Erwartungen den Prozess beeinflussen. Zusätzlich können theoretische Anschauungen oder ideologische Faktoren bedeutsam sein und Placebo-Effekte vermitteln. Wenn lediglich nach dem Motto, „Was hilft, wirkt auch", behandelt wird, kann nicht festgestellt werden, auf welche der zahlreichen, die therapeutischen Beziehungen bestimmenden Faktoren ein Erfolg zurückzuführen ist. So kann mitunter nicht bestritten werden, was Eltern glaubhaft berichten, dass nämlich mit unüblichen Methoden deutliche Veränderungen zu erzielen waren – ob allerdings die spezielle, vielleicht sehr teure Methode dafür verantwortlich war, kann so nicht entschieden werden. Eher kommen unspezifische Wirkungen als Ursache in Betracht, nicht zuletzt Erwartungen der Eltern und ihre Beziehungen zum Therapeuten.

Deshalb ist es erforderlich, bei der Anwendung alternativer Methoden genau zu prüfen, ob diese gerechtfertigt sind. Leider spielen vielfach ökonomische Gesichtspunkte im Rahmen eines ideologisch geprägten Propagierens spezieller Verfahren eine nicht unwesentliche Rolle. Durch gute Kooperation im Rahmen der therapeutischen Erziehung sollte von allen beteiligten Fachleuten eine sachliche Information der Betroffenen erstrebt werden, um begründete Entscheidungen zu treffen bzw. einen von den Eltern gewünschten Behandlungsversuch gemeinsam zu begleiten, kritisch zu beurteilen und gegebenenfalls wieder abzubrechen.

Die wissenschaftlichen Qualitätskriterien für die Evaluation von Maßnahmen der Therapie und Förderung sind nach Schlack (1998):

- Prospektives Design, experimentelles Vorgehen (sorgfältig geplante Längsschnittstudien, Erfahrungsberichte unzureichend);
- Randomisierung und Stratifizierung der Gruppen (Zufallsauswahl, genaue Analyse der Unterschiede);
- exakte Operationalisierung der Interventionsprogramme (vergleichbare Darstellung);
- Ausschluss bzw. Kontrolle zusätzlicher Einflussgrößen (intervenierende Variable);
- genaue Definition der Erfolgskriterien (Wirkung), geeignete Mess- und Beurteilungsmethoden;
- blinde Auswertung der Untersuchungsergebnisse (Vermeidung des Rosenthal-Effektes als Folge von Voreingenommenheit);
- Prüfen der Daten auf statistische Signifikanz.

4.3 Beurteilung von Behandlungsmaßnahmen

In der praktischen Arbeit für Menschen mit schwerer Behinderung und bei therapeutischer Erziehung allgemein hat es sich bewährt, vor der Empfehlung einer bestimmten therapeutischen Maßnahme genau zu überlegen, ob diese dem Kind, seinen Geschwistern und Eltern zugemutet werden kann, wie die physische, psychische und finanzielle Belastung einzuschätzen ist, mit welchen Auswirkungen auf das „System Familie“ gerechnet werden muss. (siehe Kasten)

Wesentliches Kriterium sollte sein, dass die Eigenaktivität des Kindes unterstützt, seine Autonomie beachtet und sein Selbstwertgefühl gestärkt wird. Dies ist nur zu erreichen, wenn sich das Kind geborgen und angenommen fühlt, wenn seine Grundbedürfnisse befriedigt werden. (Largo 2017) Alle Angaben, die als Grundlage für bestimmte Methoden vermittelt werden, sind immer kritisch zu prüfen. Die wissenschaftlichen Belege zu analysieren, kann recht schwierig sein, vor allem wenn es keine größeren Studien zum Nachweis der Wirksamkeit gibt.

Entscheidungshilfen bei der Auswahl von Maßnahmen der Therapie und Förderung bei Kindern mit Entwicklungsstörung und Behinderung (Bundesvereinigung Lebenshilfe, 2004)

- Die Indikation für eine bestimmte Maßnahme wird ausgehend von der Diagnose, unter Berücksichtigung der psychosozialen Situation und nach der absehbaren Prognose gestellt.
- Die Wirkung der Maßnahme auf das Kind und auf seine Befindlichkeit ist einzuschätzen.
- Die Belastung von Eltern, Geschwistern und Familie (physisch, psychisch, finanziell) sollte abgewogen werden.
- Zugrundeliegende Vorstellungen, theoretische Begründungen und das Konzept der Methode sind zu analysieren (z. B. welches Entwicklungsmodell zugrunde liegt).
- Die Übertragbarkeit der Maßnahmen auf die Bewältigung von Alltagsproblemen sollte gegeben sein.
- Die Persönlichkeit des Therapeuten bzw. der Therapeutin (Ideologie) ist zu berücksichtigen.
- Ziele der Maßnahmen und zeitliche Perspektiven sollten festgelegt werden (realistische Erwartungen).
- Als wichtig für das Kind hat zu gelten: „Ich kann etwas, ich verändere durch mein Tun, ich erziele Wirkung.“ Selbstgefühl und positives Selbstbild sollten vermittelt werden.
- Als wichtig für die Eltern hat zu gelten: Partnerschaftliches Zusammenwirken mit den Fachleuten, Lebensqualität der Familie, Befriedigung von Grundbedürfnissen im Alltag.

Wesentliche Richtlinie bei der *Beurteilung von Maßnahmen* bei der therapeutischen Erziehung sollte also immer das Befinden des Menschen sein, der diese benötigt und dessen Interaktionen innerhalb der Familie mit den interpersonalen Beziehungen in der gegebenen Umwelt bestimmend sind. Auch wenn eine Therapie nicht immer „angenehm" sein kann und gerade bei wenig aktiven, antriebsarmen Kindern und Jugendlichen Motivation und Stimulation erforderlich sind, sollte man doch Situationen meiden, die Kind und Eltern in einen Erfolgszwang bringen und sich nachteilig auf die spontane Aktivität auswirken.

Jede Maßnahme sollte danach beurteilt werden, welches Konzept sie verfolgt bzw. von welchen Grundlagen und Vorstellungen sie ausgeht, welche Wirkungen zu erwarten sind und objektiv nachgewiesen wurden. Wendet man diese Kriterien an, wird rasch deutlich, dass es nur wenige Verfahren gibt, die den methodischen Voraussetzungen für einen objektiven Wirkungsnachweis genügen. Von der evidenzbasierten Medizin werden nämlich bestimmte Voraussetzungen gefordert, die allerdings bei Menschen mit schwerer Behinderung oder im Rahmen mancher Maßnahmen der therapeutischen Erziehung nur schwer zu erfüllen sind. Es bedarf deshalb noch mancher Anstrengungen, um mit einem an naturwissenschaftlichen Kriterien orientierten Vorgehen die Informationen zu sammeln, die zum Nachweis spezifischer Wirkungen von Behandlungsmaßnahmen gefordert werden müssen. Nur so aber sind vergleichbare Ergebnisse zu erzielen, die dann auch eine sichere Grundlage für die individuelle Indikationsstellung („personenzentriert") bieten und nicht zuletzt auch die Kostenübernahme durch die gesetzlichen Krankenkassen begründen (Heilmittel-Richtlinien des Gemeinsamen Bundesausschusses).

Wie die besonderen Kompetenzen der psychologischen Fachdisziplin bei der Diagnostik zur interdisziplinären „Bestandsaufnahme" beitragen (siehe Kapitel 3), kann die Behandlung im Rahmen der therapeutischen Erziehung durch spezielle psychologische Methoden erweitert und vertieft werden. Eine besondere Rolle kommt dem Psychologen zu, der detaillierte Kenntnisse in der Entwicklungs-, Lern- und Persönlichkeitspsychologie besitzt, sich in der klinischen Psychologie auskennt, über eine methodische Ausbildung verfügt und in der Gesprächsführung erfahren ist. (Irblich/Stahl 2003, 2005)

Spezialwissen wird heute meist in der Aus- bzw. Weiterbildung zum Klinischen Psychologen bzw. zum Psychotherapeuten erworben und durch eine Zulassung bei der Ärztekammer im Rahmen des Psychotherapeutengesetzes dokumentiert. Inwieweit die psychotherapeutischen Möglichkeiten in der therapeutischen Erziehung eingesetzt werden können und müssen, hängt nicht zuletzt von personellen und ökonomischen Ressourcen der konsultierten Einrichtungen (Praxen, Institutionen) bzw. von der möglichen interdisziplinären Kooperation ab.

Die praktische Anwendung experimentell-naturwissenschaftlich gewonnener Einsichten in die Gesetze des Lernens wird therapeutisch nutzbar gemacht, um Verhalten zu ändern *(Verhaltensmodifikation)*. Beim klassischen Konditionieren geschieht dies, indem man einen neutralen Reiz mit einem natürlichen oder unbedingten koppelt. Nach einiger Zeit löst er dieselbe Reaktion wie der natürliche aus. Beim operanten Konditionieren wird genutzt, dass der Organismus durch Verhaltensweisen Signale aussendet, auf die mit hoher Wahrscheinlichkeit bestimmte Reaktionen der Umwelt erfolgen. Zum instrumentellen Konditionieren sind Reaktionen mit positiven oder negativen Konsequenzen zu verknüpfen, was dann die Wahrscheinlichkeit ihres Auftretens erhöht (bei Belohnung) oder senkt (durch Vermeidung). Auch das *Lernen am Modell* wird im Rahmen der *Verhaltenstherapie* eingesetzt, ebenso werden Methoden der Desensibilisierung bzw. Entspannung genutzt, um übersteigerte Verhaltensweisen langsam abzubauen oder erwünschtes Verhalten zu festigen.

Die Wirksamkeit der Verhaltenstherapie ist durch zahlreiche Studien erwiesen, auch bei Menschen mit Behinderung und kann bei therapeutischer Erziehung genutzt werden. Es ist allerdings zu bedenken, dass es sich um symptomatische Maßnahmen handelt, dass eine Symptomverschiebung eintreten kann und vielfach das Grundproblem durch die Verhaltensmodifikation nicht beseitigt wird. Andererseits sind verhaltenstheoretische Prinzipien in vielen pädagogischen Maßnahmen wirksam. Eine sorgfältige Verhaltensanalyse mit entsprechender Evaluation ist für Planung und Durchführung der therapeutischen Erziehung deshalb unerlässlich.

Bei der *psychoanalytischen Betrachtung* wird versucht, eine für psychische Symptome verantwortliche, in der Gegenwart unbewusste frühkindliche Störung zu erkennen. Dabei ist die Sprache ein wichtiges Kommunikationsmedium. Sie kann bei Menschen mit schwerer geistiger Behinderung nur in begrenztem Umfang genutzt werden, auch bei Kindern gibt es gewisse Grenzen. Trotzdem hat sich gezeigt, dass psychoanalytisch bzw. psychodynamisch orientierte Maßnahmen zur Behandlung verfügbar sind, die auch im Rahmen der therapeutischen Erziehung genutzt werden können (siehe besonders Kapitel 5.3.4 und 5.3.5).

So ist heute dem Vorurteil begründet zu begegnen, eine Psychotherapie sei nur dann möglich, wenn es bestimmte kognitive bzw. geistige Voraussetzungen gäbe. Es kommt hier vielmehr auf die Methode und auf den Therapeuten an. Die Grundlagen der Psychoanalyse können jedenfalls oft recht hilfreich sein.

Bei der *klientenzentrierten Therapie* werden Gefühle widergespiegelt, um Konflikte zu bearbeiten. Gefordert sind Wertschätzung und emotionale Wärme, Echtheit und Selbstkongruenz beim Therapeuten. Für die systemische Therapie haben Prinzipien der System-, Kommunikations- und Erkenntnistheorie Bedeutung; es gibt verschiedene Modifikationen der angewandten Verfahren.

Die *Indikation für eine Psychotherapie* wird individuell gestellt und erfordert eine Absprache im interdisziplinären Team. Die Übernahme der Kosten durch die Krankenkasse setzt ein oft recht kompliziertes Antragsverfahren voraus. Eine Therapie sollte immer zeitlich begrenzt, in ihrem Verlauf genau verfolgt und hinsichtlich der Wirksamkeit evaluiert werden. Allgemein gilt die Aussage von Georg Theunissen: „Die Psychotherapie beginnt dort, wo eine spezielle pädagogische Hilfe zur Lösung psychosozialer Probleme nicht ausreicht, nämlich dort, wo es um schwere psychische Krisen geht." (Theunissen 1993, S. 432)

4.4 Pädagogische Förderung und therapeutische Erziehung

Auf die allgemeine Problematik des Begriffs „Förderung" soll nur hingewiesen werden. Im allgemeinen Sprachgebrauch wird damit das pädagogische Bemühen bei Menschen mit Behinderung bezeichnet, es gibt aber auch andere Bedeutungen (Kohleförderung, Be-Förderung). Wie man Schätze zutage fördern kann, sollten Fähigkeiten und Möglichkeiten in der individuellen Entwicklung angeregt und unterstützt werden. Beim Befördern sind dem gegenüber Eigeninitiative und Autonomie oft weniger bedeutsam.

Therapeutische Maßnahmen müssen vielfach durch pädagogische ergänzt werden. Beispielsweise ist die Verordnung bzw. Verabreichung eines Medikamentes nur dann wirklich gewährleistet, wenn sie pädagogisch begleitet wird, besonders bei Kindern oder bei Menschen mit Behinderung. Auch andere medizinische Interventionen beinhalten pädagogische Elemente, wenn man sie vor dem Hintergrund therapeutischer Erziehung analysiert. In der Kranken- und Altenpflege wird dies deutlich, und bei der Notwendigkeit, in „Pflegeeinheiten" zu denken und zu handeln, auch besonders problematisch – sehr zum Nachteil von Patienten und pflegebedürftigen Menschen.

In der Praxis zeigt sich, dass es verschiedene pädagogische Ansätze und Prinzipien gibt, die in der therapeutischen Erziehung genutzt werden können (siehe Kapitel 5). Der Unterschied zwischen Therapie und Förderung ist dann fließend und oft nicht eindeutig zu bestimmen. So werden bei der Mototherapie Methoden der Motopädagogik erfolgreich eingesetzt, die dabei tätigen Fachkräfte kommen vielfach aus dem pädagogischen Bereich und haben ihre klinische Kompetenz durch therapeutische Erfahrung erworben, müssen sich aber auf spezielle pädagogische Grundlagen beziehen können, die sich andererseits Fachleute aus ärztlichen Assistenzberufen durch speziell pädagogische Fortbildung aneignen müssen.

Man versteht also Therapie im eigentlichen Sinn als eine Maßnahme, die von einer bestimmten Indikationsstellung nach einer möglichst umfassenden Diagnose ausgeht, zeitlich begrenzt ist und ein bestimmtes, möglichst gut definiertes Ziel verfolgt; dieses orientiert sich meist an körperlichen und psychischen Funktionen bzw. deren Beeinträchtigung. Demgegenüber hat pädagogische Förderung (die über allgemeine Erziehung hinausgeht) eine weniger scharf umgrenzte Zielvorgabe, sie ist eher von einem bestimmten Menschenbild bzw. einer philosophischen Grundanschauung geprägt und auch in ihren praktischen Konsequenzen von geisteswissenschaftlich begründeten Kriterien bestimmt.

Die *Unterscheidung zwischen Therapie und Förderung* wird vielfach künstlich erzwungen, weil es unterschiedliche soziale Hilfssysteme gibt. Wahrend für therapeutische Maßnahmen, die von Ärzten verordnet und unter deren Aufsicht von medizinischen Assistenzberufen durchgeführt werden, die gesetzlichen Krankenkassen zuständig sind, haben die notwendigen Hilfen zur Eingliederung in die Gesellschaft, für Inklusion, Partizipation und Teilhabe nach den Kriterien der ICF (siehe Kapitel 2.5) die Sozialhilfeträger zu übernehmen, festgelegt im Sozialgesetzbuch XII.

Therapeutische Erziehung kann in diesem Spannungsfeld einen gewissen Ausgleich schaffen. Sie will jedenfalls zu vorurteilsfreier bzw. vorurteilsbewusster interdisziplinärer Zusammenarbeit mit dem Ziel echter Inklusion anregen, individuelle Hilfen geben und hat die zu reflektierende heilpädagogisch-ärztliche (Grund)Haltung zu achten. (siehe Kapitel 1)

4.5 Beratung und Begleitung

Im Rahmen aller therapeutischen und pädagogischen Prozesse spielt die Beratung eine wichtige Rolle. Es geht dabei nicht lediglich darum, fachlich zu informieren, Betroffenen wie ihren Angehörigen jene Kenntnisse zu vermitteln, die sie brauchen, um die vorliegende Beeinträchtigung oder Funktionsstörung in ihrer Ursache und Entstehungsgeschichte sowie bezüglich ihrer verschiedenen Auswirkungen zu erkennen und zu verstehen. Beratung ist vielmehr auch ein kontinuierlicher dialogischer Prozess, der die auf eine Diagnose folgenden Maßnahmen begleitet und verständlich werden lässt, neu auftretende Fragen rasch klärt, die Schwierigkeiten akzeptieren und aktuell auftretende Probleme lösen hilft und letztlich eine gedeihliche interdisziplinäre Kooperation unter allen Beteiligten gewährleisten muss. (Behringer/Höfer 2003)

Beraten als „gemeinsam Rat halten", überlegen und besprechen ist ein aktives kommunikatives Geschehen. Auf Rat ist in einer zunehmend komplexer werdenden Welt jeder Mensch angewiesen. (Tietze 2003)

Als *kooperative Beratung* bezeichnet man einen partnerschaftlichen Austausch, in den alle Beteiligten gleichermaßen einbezogen werden. Jeder ist ja auf seine Weise für die Lösung des Problems kompetent, jeder wird aber auch durch die Mitverantwortung des anderen entlastet, was die kommunikative Kompetenz erweitert. Der Berater tritt nicht als Experte auf, der Ratschläge erteilt. Er versucht vielmehr, die subjektive Sicht und die Deutungsmuster (Zuschreibungen bzw. Attributionen) des Ratsuchenden im dialogischen Prozess mit Empathie zu verstehen. (nach Mutzeck 1998; Klein

2015, S. 206) So kommt eine gemeinsame Analyse des Problems zustande, die zu dessen Lösung beitragen kann. Kooperationsbereitschaft und Teamfähigkeit werden erweitert. Auch bei Elterngesprächen und in der Beratung von Menschen mit Beeinträchtigung, in der therapeutischen Erziehung ganz allgemein, hat sich diese kooperative Beratung bewährt. (Klein, G. 2002)

Einseitige oder direktive Beratung ist zu vermeiden. Nicht selten neigt der Ratsuchende dazu, seine Probleme an den Berater zu delegieren, weil er Verantwortung nicht tragen kann oder will („Was würden Sie an meiner Stelle tun?"). Er verschafft sich damit Entlastung, trägt aber zu einem Beratungskonflikt bei, weil er nicht selbst an der Lösung des Problems mitwirkt und seine Kompetenz nicht einbringen kann. Dies sollte der Berater dann klar ansprechen, damit es zur notwendigen Kooperation kommt, bei der letztlich nur Einsichten und Entscheidungshilfen vermittelt werden können.

Bei allen Bemühungen um die beratende Professionalität sind immer wieder auch Grenzen zu erkennen und vom Berater zu akzeptieren. Nicht alle Probleme können befriedigend gelöst werden. (Klein 2015, S. 204 ff.) Mitunter gibt es eine besser geeignete Stelle, an die zu verweisen ist, manchmal muss aber auch „innwendige Heiterkeit" (Hanselmann) dabei helfen, Schwierigkeiten auszuhalten und mit ihnen fertig zu werden.

Beratung im Rahmen der therapeutischen Erziehung hat die besondere Situation der Familie zu berücksichtigen und auf die daraus erwachsenden Probleme einzugehen, zum Beispiel im Zusammenhang mit der Diagnose einer Behinderung des Kindes und der dann notwendigen Frühförderung.

Nach aktuellen Ergebnissen der Armuts- und Deprivationsforschung nimmt die Vernachlässigung von Kindern in beängstigender Weise zu und bedroht deren Entwicklungschancen nachhaltig. Kinder aus sozialen Brennpunkten, suchtbelasteten Familien und in erschwerten Lebenslagen sind ein großes erzieherisches Problem geworden. Ihre Familien können Grundbedürfnisse nach Ernährung, Pflege, emotionaler Zuwendung und Geborgenheit, Anregung, Entfaltung und kultureller Teilhabe nicht hinreichend erfüllen. Hat sich Armut dauerhaft eingenistet, gelingt es häuslichen Erziehern immer weniger, Benachteiligungen von ihren Kindern fernzuhalten oder zu kompensieren. Chronische Armut wirkt demoralisierend, kann ein zukunftsgerichtetes Verhalten und die elterlichen Kompetenzen erheblich erschweren. Zwischen Kind und Eltern entstehen dysfunktionale (gestörte) Interaktionsmuster, die sich zum Beispiel in einem massiven Schreien des Säuglings äußern (sogenannte „Schreikinder"). Eine vorurteilsbewusste Begleitung und kontinuierliche einfühlende Beratung dieser Familien ist dringend erforderlich. (Anti-Bias-Netz 2016, Hüther/Bonney 2017)

Zusammenfassend sind mit dem Integrations- und Inklusionspädagogen Harry Bergeest für begleitendes Beraten der Eltern drei Ebenen zu nennen, die theoretisch unterschieden werden und in der Praxis miteinander eng verbunden sind. (Bergeest/Boenisch/Daut 2015, S. 288 ff.)

- Hilfen zur innerfamiliären Stabilisierung (Erleichterung der familiären Haushaltsorganisation, Verbessern der finanziellen Lage, Kontakt zu Ämtern, Behörden und Fachleuten der Rehabilitation), institutionelle Erziehungshilfen (Einrichten von Spielgruppen und Wechselgruppen, Beschaffen geeigneter Spielmittel) und soziale Integrationshilfen (Information zur sozialen und rechtlichen Stellung der Familie und zum Umgang mit sozialen Kontakten, Freizeit und Ferieneinrichtungen)
- Kathartische Prozesse durch innerfamiliäre Stabilisierungshilfen (Aussprache über familiäre Spannungen und Zukunftsängste; Gefühle, Bedürfnisse und Wünsche äußern; Isolation überwinden), familiäre und institutionelle Erziehungshilfen (Erziehungskonflikte mit dem behinderten Kind und seinen Geschwistern artikulieren, Auflockerung eingeschliffener Rituale, Erziehungsalternativen) und soziale Integrationshilfen (Austausch über negative Umwelterfahrungen, Auseinandersetzung mit Vorurteilen, Nachdenken über das Gestalten des sozialen Lebens)
- Einstellungs- und Verhaltensänderungen durch innerfamiliäre Stabilisierungshilfen (Wege zum Lösen familiärer Konflikte, solidarische Selbsthilfe), familiäre und institutionelle Erziehungshilfen (behinderungsspezifisches Wissen im Alltag sinnvoll anwenden, Kooperation mit Fachkräften, kritische Reflexion von Fremdbestimmung) und soziale Integrationshilfen (Interaktionsprobleme transparent machen, solidarisches Handeln anbahnen)

Kapitel 5:
Handeln von Eltern und Fachkräften als therapeutische Erzieher

5.1 Gesundheit ist Leitbild heilpädagogisch-ärztlichen Handelns

5.1.1 Arbeitsgemeinschaft Arzt und Erzieher

Beispiel

Lilo wird zuhause geboren. Am Tag der Entbindung bekommt sie keine Luft, verfärbt sich blau und wird in eine Kinderklinik verlegt. Sie bleibt drei Wochen auf der Frühgeborenenstation. Mit neun Monaten erfolgt eine erneute Aufnahme in die Kinderklinik. Die stationäre Behandlung dauert sieben Wochen. Lilo erhält eine Gipsschale und eine Spreizhose.

Das Kind ist fast zwei Jahre alt, als es von der Mutter in der Poliklinik vorgestellt wird: Lilo ist sehr verkrampft, kann nicht richtig greifen. Sie bringt die Faust nicht auf. Sie erkennt aber Personen und wendet sich diesen zu. Befund: Schwere Bewegungsstörung (spastische Tetraparese). Mit sieben Jahren bekommt Lilo einen großen Krampfanfall, der dreißig Minuten dauert und wiederholt auftritt. Nach einer stationären Behandlung von acht Monaten ist sie wieder anfallsfrei. Befund: Ausgeprägte spastische Tetraparese mit zerebralen Anfällen. Vier Monate später erfolgt erneut eine Vorstellung in der Klinik.

Dem Krankenblatt entnehmen wir: „Die Mutter berichtet uns weinend, dass sie am Ende ihrer Kräfte sei. Lilo strapaziere die ganze Familie sehr. Sie esse fast nichts, schreie beim Füttern fürchterlich, erbreche danach die gesamte Nahrung. Dabei würden Gardinen, Bett oder Wände schmutzig. Lilo wolle nicht allein sein. Sie schreie, wenn man aus dem Zimmer gehe. Nachts schlafe sie nie durch, werde mindestens dreimal wach und weine. Die Mutter könne nicht mehr mit ihr ‚turnen', sie habe nicht mehr die ‚Nerven' dazu, Vater und Großeltern machten ihr Vorwürfe, dass Lilo noch nicht besser geworden sei."

Lilo ist nun zwölf Jahre alt. Trotzdem wird die Mitarbeiterin der Frühberatungsstelle um einen Besuch bei der Familie gebeten. Sie regt eine erneute Vorstellung in der Klinik an. Diagnose: Stark reduzierter Ernährungszustand, erste Pubertätszeichen; spastische Tetraparese mit Hüft- und Kniegelenkskontrakturen, weitgehend Bewegungsunfähigkeit. Geistige Entwicklung nicht wesentlich verzögert. Fragen werden mit ganzen Sätzen beantwortet.

Die Eltern und die elfjährige Schwester führen nun Bewegungsübungen unter physiotherapeutischer und pädagogischer Anleitung durch. Lilo entwickelt zunehmend Freude, ihre aggressiven Verhaltensweisen lassen nach und verschwinden schließlich. Im ersten Schulzeugnis heißt es: „Lilo ist fähig, viele Erfahrungen zu machen, dazuzulernen, sich am Unterricht sprachlich aktiv zu beteiligen. Sie geht sehr gern in die Schule."

Das Beispiel Lilo zeigt die Arbeitsgemeinschaft Arzt und Erzieher (und die Notwendigkeit der Prävention, siehe nächstes Kapitel): Es geht um ärztlich-erzieherisches Handeln in der (auf)gegebenen Situation. Dabei dürfen medizinische und psychosoziale Bedingungen keinesfalls vernachlässigt werden: Professioneller Pädagoge und Arzt als Erzieher haben gemeinsame Verantwortung, müssen sich der heilpädagogischen Wirklichkeit stellen und nach Wegen suchen, um Menschen in schwierigen Lebenslagen zu unterstützen.

In seiner 1930 erschienenen „Einführung in die Heilpädagogik" schreibt Hanselmann, „Heilpädagogik ist keine ganz zutreffende Bezeichnung dessen, was es meint. Denn Heilen ist Sache des Arztes, Pädagogik Sache des Erziehers". Doch das Wort Heilpädagogik hat „insofern einen guten Sinn, dass es die unlösbare Arbeitsgemeinschaft von ärztlichem und erzieherischem Bemühen um ein leidendes Kind dartut." (Hanselmann 1976, S. 12)

5.1.2 Prävention

Das heilpädagogische Arbeitsfeld umfasst vor allem Kinder, Jugendliche und Erwachsene mit neurologischen bzw. neuropsychiatrischen Krankheiten oder Entwicklungsbeeinträchtigungen. Die gemeinsame Verantwortung von Arzt und Erzieher erfordert einen übereinstimmenden Gesundheitsbegriff: Statt der medizinischen, am Defekt orientierten Sichtweise ist eine offene, sozial orientierte Betrachtung nötig, das Reparatur- muss dem Ermöglichungs-Modell weichen.

Die Weltgesundheitsorganisation (WHO) versteht Gesundheit als einen Zustand körperlichen, seelischen und sozialen Wohlbefindens (siehe Kapitel 2.5). Dieser weit gefasste Begriff überwindet die scharfe Trennung zwischen Leib, Seele und Geist.

Um ganzheitliche Sicht ging es schon den ersten Heilpädagogen, die von „Gesunderziehung" durch medizinische Behandlung und pädagogische Hilfe sprachen. Maria Montessori deutete deviantes Verhalten von Kindern als ein Problem von Gesundheit und Krankheit: Ursachen gestörter „Normalisation" seien in der Mit- und Umwelt zu suchen, sie beeinträchtigen die individuelle bio-psycho-soziale Entwicklung.

Durch frühestmögliche medizinische, therapeutische, pädagogische und soziale Hilfe ist dem Entstehen von Krankheiten oder Beeinträchtigungen der Entwicklung vorzubeugen. Sind diese bereits eingetreten, müssen negative Auswirkungen so gering wie möglich gehalten werden.

Prävention bedeutet also

- Gesundheitsvorsorge,
- einer Krankheit oder einer Beeinträchtigung der Entwicklung vorbeugen bzw. eine Krankheit oder eine Beeinträchtigung der Entwicklung verhüten.

Die Wirksamkeit der Maßnahmen hängt vom Zeitpunkt des Eingreifens ab, es werden Primär-, Sekundär- und Tertiärprävention unterschieden.

Primärprävention

Durch vorbeugende (präventive, prophylaktische) Maßnahmen soll das Entstehen einer Krankheit oder Entwicklungsbeeinträchtigung verhindert werden. Primärprävention entfaltet besonders im Frühbereich ihre Wirkung durch

- Gesundheitsvorsorge,
- soziale Verbesserungen und
- langfristige prophylaktische Maßnahmen.

Aufgabenfelder der *Primärprävention* sind vor allem

- Gesundheitserziehung und Gesundheitsförderung, insbesondere in Familien mit bio-psycho-sozialen Risiken, aber auch in Institutionen wie Frühberatungsstellen, Krippen, Kitas und weiteren Bildungseinrichtungen,
- Eheberatung,
- Schwangeren-, Mütter- und Säuglingsfürsorge,
- Schutzimpfungen,
- genetische Beratung.

Genetische Beratung ist bei *pränatalen (vorgeburtlichen)* Ursachen von Entwicklungsstörungen angezeigt, so bei Fehlbildungssyndromen und Chromosomenanomalien (Beispiel: Down-Syndrom), Virusinfektionen (Beispiel: Röteln) sowie chemischen Noxen (Beispiel: Alkohol- oder Drogenkonsum, Medikamente). Die Aufgaben der Beratung durch Fachleute sind komplex und schwierig, vor allem bei dem ethischen und rechtlichen Problem einer vorzeitigen Beendigung der Schwangerschaft bei minderjährigen Mädchen oder familiären Schwierigkeiten. Hilfreiche Materialien bietet die *Bundeszentrale für gesundheitliche Aufklärung* (siehe: www.familienplanung.de/beratung/schwangerschaftsabbruch).

Die Zulässigkeit eines Schwangerschaftsabbruchs (auch Abtreibung; medizinisch Interruptio, Abruptio graviditatis oder induzierter Abort) ist seit der Spätantike heftig umstritten. Im Widerstreit stehen religiöse und ethische Vorstellungen, gesellschaftliche Ansprüche, das Selbstbestimmungsrecht der Frau und das Lebensrecht des Embryos bzw. Fötus. So gibt es sehr unterschiedliche ethische Beurteilungen. Aufgrund der geltenden Rechtslage (§ 218a StGB) ist ein Schwangerschaftsabbruch nach kompetenter Beratung bis zur 12. Woche nicht strafbar, wenn es wegen einer sozialen Indikation der Mutter unmöglich ist, die Schwangerschaft fortzusetzen (auch nach einer Vergewaltigung). Eine medizinische Indikation kann während der gesamten Schwangerschaft einen Abbruch rechtfertigen.

Die Entscheidung über einen Schwangerschaftsabbruch bei einer zu erwartenden Behinderung oder Erkrankung des Kindes liegt in der persönlichen Verantwortung der Mutter. Für viele Menschen ist es heute unvorstellbar, dass sich die Mutter zu einem behinderten Kind bekennt. Doch diese Menschen können auch nicht nachvollziehen, was es für die Mutter bedeutet, den Weg der Abtreibung zu gehen: Sie gerät in einen tiefen Konflikt und kann auch mit fachlicher Hilfe nur schwer die nötige Entscheidung treffen.

Oft wird in einer gefühlskalten Logik die Botschaft übermittelt, es gäbe keine andere Wahl als den Abbruch. So berichtete eine Mutter: „Anfangs habe ich noch versucht, mich zu wehren. Der Druck war sehr hoch. Meine Frauenärztin malte mir die Zukunft mit einem behinderten Kind in den schwärzesten Farben aus: ein Kind mit schwersten geistigen und körperlichen Behinderungen, das ich bis ins Erwachsenenalter wickeln müsste. Und ich solle mir vorstellen, wie alt ich dann sein werde. So bekam ich den Eindruck, dass ich von völlig falschen Voraussetzungen ausging, wenn ich das Kind zur Welt bringen wollte." Doch diese Mutter entschloss sich, ihr Kind nicht dieser Selektion auszusetzen, für sie war die Würde ihres Kindes nicht an bestimme Eigenschaften gebunden. Rückblickend ist sie dankbar, sich so entschieden zu haben.

Sekundärprävention

Sie setzt bei ersten Anzeichen einer Krankheit, bei drohender Entwicklungsbeeinträchtigung oder seelischer Fehlentwicklung ein, sobald diese zum

Beispiel anlässlich der Vorsorgeuntersuchungen festgestellt sind. Insbesondere durch medizinisch-therapeutische und heilpädagogische Maßnahmen kann den Gefährdungen entgegengewirkt werden.

Nach neurobiologischen und -psychiatrischen Erkenntnissen können seelische Verletzungen (Traumata) in der frühen Kindheit zu manifesten Lern- und Verhaltensproblemen führen, aber durch gezielte heilpädagogisch-therapeutische Maßnahmen später weitgehend kompensiert werden, was mit der Plastizität von Hirnstrukturen und -funktionen zusammenhängt.

Tertiärprävention

Wenn es bereits zu einer manifesten Störung des körperlichen, seelischen oder sozialen Wohlbefindens gekommen ist und die Erfolgsaussichten auf Verbesserung des Zustandes eher gering sind, kann durch medizinisch-therapeutische, heilpädagogische, soziale und pflegerische Maßnahmen das Fortschreiten einer Krankheit, Entwicklungsbeeinträchtigung oder seelischen Fehlentwicklung verhindert oder verlangsamt werden.

Zusammenfassung

Die interdisziplinär arbeitenden Frühberatungsstellen und Einrichtungen der Heil- und Sonderpädagogik sowie Krippen, Kitas und Grundschulen haben bei der Prävention vielfältige Aufgaben durch Zusammenwirken mit

- medizinischen Einrichtungen (Gesundheitsamt, Kliniken, Sozialpädiatrischen Zentren, pädiatrischen Praxen),
- kommunalen und staatlichen Einrichtungen (Sozialamt, Familienberatung) und
- sozialpädagogischen Einrichtungen (Kinderheimen, Pflegefamilien, heilpädagogischen Fachdiensten, Familienzentren).

Um diese anspruchsvollen Aufgaben zu erfüllen, ist die Beachtung des

- salutogenetischen (s.u.),
- logotherapeutischen und
- rhythmischen Prinzips eine wichtige Voraussetzung.

5.2 Leitende Prinzipien

5.2.1 Das salutogenetische Prinzip

Die Salutogeneseforschung (von: salus, lat.: gesund, Unverletztheit, Heil, Glück; genese, griech.: Entstehung = Gesundheitsentstehung) fragt nach den Quellen der Gesundheit. Sie versucht herauszufinden, wie der Mensch die Kraft gewinnen kann, mit sich selbst und seinen Lebensbedingungen, mit der Umwelt und verfügbarer Zeit zu Recht zu kommen. Statt der Suche nach Störungen und Defekten wird die Analyse bzw. Erforschung der Bedingungen für die Gesundheit bedeutsam. Diese Fähigkeit, sich mit den Problemen sinnvoll auseinanderzusetzen, trägt zur Lebenstüchtigkeit bei. (Klein 2018b, S. 126 ff.)

5.2.1.1 Dem Geheimnis der Gesundheit auf der Spur

Der amerikanisch-israelische Medizinsoziologe Aaron Antonovsky, Begründer der Salutogeneseforschung, der im Rahmen von Stressstudien Aspekte der Gesundheit untersuchte, vergleicht das Leben mit einem Strom: Keiner geht sicher am Ufer entlang, das Wasser kann verschmutzt sein, der Fluss hat Gabelungen, gefährliche Stromschnellen und Strudel. So entstehen vielfältige Stresssituationen. Um diese zu bewältigen, ist die Sinnhaftigkeit ein wichtiger salutogenetischer Faktor. Nach den Erkenntnissen der Psychoneuroimmunologie wird dadurch das Immunsystem gestärkt und der Stress gemindert.

Kohärenzgefühl oder Kohärenzsinn (sense of coherence, SOC)

Im Vorwort zur deutschen Ausgabe seines Buches „Salutogenese“ schreibt Antonovsky: „Auf einer tieferen Ebene habe ich von ihr [Helen; Anm. d. Vf.] gelernt, wie unwichtig es ist, die Kontrolle zu haben, wenn es einen geliebten anderen Menschen gibt, dem man vertraut und mit dem man zusammenlebt. In der konkreten Arbeit war es Helen, die den Begriff ‚Kohärenzgefühl‘ vorschlug, der genau das ausdrückt, was ich sagen wollte (Antonovsky 1997, S. 20). Sie war eine hilfreiche Kritikerin, urteilte glasklar, „sagte mir die kritischen Dinge in ihrer überaus sanften Art und machte dazu noch Vorschläge zur Problemlösung [...]. Wenn das Schreiben dieses Buches mir Lebenserfahrungen gebracht hat, die mein eigenes SOC gestärkt haben, dann habe ich dies zu einem großen Teil Helen zu verdanken.“ (ebd., S. 20)

Wie Alexa Franke anmerkt, wird „sense of coherence als Kohärenzgefühl, Kohärenzsinn, Kohärenzerleben oder Kohärenzempfinden“ übersetzt.

Offenbar gibt es kein dem englischen „sense" vergleichbares deutsches Wort, das Wahrnehmen, Denken und Fühlen gleichermaßen erfasst. Am häufigsten wird Kohärenzgefühl verwandt, nicht nur emotional, sondern mehr in dem Sinn, „in dem wir alle ab und an das Gefühl haben, dass am Nachmittag die Sonne scheint, irgendetwas nicht ganz richtig ist oder die Dinge sich schon so entwickeln, wie man das aus früheren guten Erfahrungen kennt." (ebd., S. 12)

In Forschungen über den Zusammenhang von belastenden Faktoren (Stress, Extremsituationen, Traumata, seelischer Grausamkeit) mit Gesundheit und Krankheit erkannte Antonovsky, dass wir uns weniger an krankmachenden Ursachen, sondern vielmehr an den Ursprüngen der Gesundheit orientieren sollten. Die medizinisch-pädagogische Praxis stand lange im Zeichen der Pathogenese (pathein = Leiden; genese = Ursprung, Entstehung) und fragte nach dem „Pathomechanismus", als dem Ursprung des Leidens. Für Antonovsky ist es wichtiger, Bedingungen von Gesundheit zu analysieren. So begründete er das Paradigma der Salutogenese. Im Zentrum dieses ganzheitlichen Modells steht der Begriff sense of coherence.

Wie gelingt es dem Menschen, mit Kränkungen und Enttäuschungen, mit Beeinträchtigungen und Störungen so umzugehen, dass er sie überwindet und dadurch sogar gesünder wird?

Als Zeitzeuge des Zweiten Weltkrieges erlebte Antonovsky, dass viele seiner Verwandten und Bekannten unsägliches Leid und schwerste Traumatisierungen durch den Holocaust erlitten und trotzdem nahezu vollständig genesen konnten. Wesentliche Gesundheitsressource sei dabei ein Kohärenzgefühl durch das Erfahren guter Beziehungen. Dazu gehört, die eigene Lage zu verstehen, und die Überzeugung, das Leben gestalten zu können, auch der Glaube, dies habe einen Sinn. Die Überlebenden sahen ihre Situation als gegeben und aufgegeben an, man habe sich mit ihr auseinanderzusetzen – in einem auf Sinn hin orientierten Kohärenzsinn. Antonovsky geht davon aus, „dass Heterostase, Ungleichgewicht und Leid inhärente Bestandteile menschlicher Existenz sind, ebenso wie der Tod." (ebd., S. 8 ff.)

Gesundsein bemesse sich an der Fähigkeit, mit heterostatischen Einflüssen umzugehen, sei Ausdruck der Überwindungsfähigkeit von Krankheitstendenzen, fremden Einflüssen, Attacken und Ähnlichem mehr.

Ein Kernaspekt des salutogenetischen Prinzips ist die Fähigkeit des Menschen mit dem Unerwarteten umzugehen und dabei stärker zu werden. Stress und Konflikte müsse man aushalten lernen und nicht in jedem Fall vermeiden. So kann der Mensch seine körperliche und seelische Belastbarkeit deutlich spüren und ausbauen. Durch einen starken Kohärenzsinn fühlt er sich mit den Lebenszusammenhängen in ihrer Komplexität verbunden (Kohärenzgefühl),

- versteht, was in der Welt geschieht *(Verstehbarkeit)*,
- ist in der Lage das Verstandene umzusetzen und zu gestalten *(Gestaltbarkeit)*,
- gestaltet, was ihm sinnvoll erscheint *(Sinnhaftigkeit)*.

Auf der Grundlage dieser salutogenetischen Prinzipien kann, auch nach Erkenntnissen der Hirnforschung, jeder sein „Wachstums- und Entwicklungspotential zur Entfaltung bringen." (Hüther 2017, S. 49)

Der Sozialwissenschaftler Oskar Negt erwähnt in seiner autobiografischen Spurensuche, wie er „Überlebensglück" aus dem Erlebten gewinnt (Negt 2016). Er will wissen, warum aus „schmerzhaften Erfahrungen und schrecklichen Erlebnissen" nicht zwangsläufig Beschädigungen der Person erfolgen, die einen Opferstatus lebenslang festschreiben, sondern wie es gelingen kann, eine zuversichtliche Lebenseinstellung zu erlangen und sich als autonomes Subjekt zu empfinden. Dabei greift er auf Antonovskys Gesundheitsmodell zurück und plädiert gegen die „Entwertung des Lebens" und der sozialen Kälte und für ein zuverlässiges Verbinden mit Schwachen, Ohnmächtigen und Verfolgten. Je stärker der Mensch diese Verbundenheit erlebe, desto klarer werde auch sein Gefühl der Sinnhaftigkeit.

Gesundsein durch das Gefühl für den Sinnzusammenhang

Eine entscheidende Bedingung für Gesundsein ist also der Kohärenzsinn: Der Mensch kann die Welt verstehen, sie als sinnvoll wahrnehmen und in ihr handeln – gerade auch in schwierigen Situationen, bei denen es nicht sofort Lösungen gibt. Er ist Gestalter der Verhältnisse, nicht Opfer und verwirklicht sich selbst, was schon Pestalozzi in seinen „Nachforschungen über den Gang der Natur in der Entwicklung des Menschengeschlechts" feststellte: Er kann sich zum „Werk seiner selbst" machen.

Gesundheit als dynamisches Geschehen

Im salutogenetischen Modell bedeutet Gesundheit mehr als die Abwesenheit von Krankheit. Das dynamische, vernetzte Geschehen beinhaltet

- körperliches Wohlbefinden,
- eine positive Grundhaltung zur Welt,
- Vertrauen in die eigenen Fähigkeiten und
- Sinnfindung im Handeln.

Gesundheit ist mehrdimensional, von sozialen und ökologischen Faktoren sowie eigenen Widerstandsressourcen bestimmt. Der Mensch hat die Fähigkeit, sich mit unerwarteten Ereignissen auseinanderzusetzen und stärker zu werden durch Stress, Belastungen und Konflikte: diese „Heterostase"-Prozesse erweitern die körperlich-seelischen Belastungsgrenzen.

Statt Erklärungen gibt es ein offenes Modell der Ermöglichung: Erzieher, Kind und Eltern können miteinander lernen, ein gutes Gefühl der Verbundenheit und eine positive Grundhaltung gegenüber der Welt ausbilden. Ursachen werden gemeinsam erkannt, verstanden und gedeutet und – soweit möglich – auch erklärt: So entsteht das Kohärenzgefühl, dessen Komponenten – Verstehbarkeit, Handhabbarkeit und Sinnhaftigkeit der Welt – nur theoretisch unterschieden, in der Praxis aber unlösbar miteinander verbunden sind.

5.2.1.2 Das Kind – ein guter Schwimmer?

Antonovsky fragt: „Wie wird man, wo immer man sich in dem Fluss befindet, dessen Natur von historischen, soziokulturellen und physikalischen Umweltbedingungen bestimmt wird, ein guter Schwimmer?" (Antonovsky 1997, S. 92)

Nach dieser Metapher kann ein gefährlicher Flusslauf entschärft, aber auch das Kind zu einem guten Schwimmer gemacht werden. Durch Erziehung ist es so zu unterstützen, dass es die Welt als verstehbar, sinnhaft (bedeutsam) und handhabbar erlebt: Wenn ich mich nur genügend anstrenge oder mich ernsthaft interessiere, kann ich verstehen, was mir begegnet. Die Welt als geordnet und strukturiert wahrzunehmen und nicht als chaotisch, willkürlich, zufällig oder unerklärlich, ist entscheidend für das Sich-gesund-Fühlen. Wer über ein hohes Maß an Verstehbarkeit verfügt, für den werden Schwierigkeiten entweder vorhersehbar, oder sie sind, sollten sie tatsächlich überraschend auftreten, einzuordnen und zu erklären.

Das Gefühl von *Sinnhaftigkeit* oder *Bedeutsamkeit* beschreibt, in welchem Ausmaß man seinem Leben Sinn geben kann. Sind es die Probleme und Anforderungen wert, Energie in sie zu investieren? Dass man sich für sie einsetzt? Dass sie eher willkommene Herausforderungen sind als Lasten, die man gern los wäre?

Geschieht etwas Tragisches, zum Beispiel ein Unfall, der Tod eines Nahestehenden, die Notwendigkeit einer schweren Operation oder der Verlust des Arbeitsplatzes, wird man nicht nur Angst, Trauer oder Wut empfinden, sondern sich auch fragen: Was bedeutet das Ereignis für mich, für meine Entwicklung? Wie kann ich meinem Leben dadurch einen neuen Sinn geben? Unglückliche Erfahrungen können als persönliche Herausforderung empfunden werden.

Das Gefühl der *Handhabbarkeit* macht bewusst, was man kann und was nicht. Dem Nichtkönnen gegenüber steht die Aussage: ‚Ich könnte, wenn ich wollte.' Man erlebt die Welt und sich selbst als handhabbar, als ‚manageable'. Dazu gehört die Überzeugung, dass Schwierigkeiten zu überwinden und geeignete Ressourcen aufzubauen sind, um den Anforderungen zu begegnen. Verfügbar sind dabei eigene Erfahrungen oder solche, die von anderen eingebracht werden – vom Ehepartner, von Freunden, vom Arzt, von Gott.

Das *Kohärenzgefühl* – als Erlebnis von Verstehbarkeit, Sinnhaftigkeit und Handhabbarkeit der Welt – entwickelt sich besonders in der Kindheit. (Opp 2018, S. 9) Daher kommt dieser Zeit auch entscheidende Bedeutung für die Gesundheit im späteren Leben zu.

Der therapeutische Erzieher wird für das Kind die Umgebung so gestalten, dass sie dessen Bedürfnis nach einem strukturierten Lebensraum entspricht mit Kontinuität, Rhythmus und Wiederholung. Das schafft Freude und Dankbarkeit, Erzieher und Kind fühlen sich wohl. Wohlbefinden bewegt zu geordnetem, schöpferischem Tun, gibt dem Kind Sicherheit und stärkt seine Fähigkeit zur „Selbstregulation". (Opp 2018, S. 11)

Im zwischenmenschlichen Beziehungsraum wirkt die haltgebende Kraft des erzieherischen Vertrauens. Diesen „Inneren Halt" (Moor) können wir im autonomen – spontan-tätigen und rezeptiv-empfangenden – Leben und Lernen des Kindes beobachten (diagnostizieren) und verstehen lernen. Die ordnende und aufbauende Kraft gegenseitigen Vertrauens wirkt in heterostatischen Prozessen heilend und führt zur Frage nach reflexiver Professionalität, Selbstbildung und Selbsterziehung von Arzt und Erzieher.

5.2.1.3 Aspekte der Resilienzforschung

Im Zusammenhang mit der Salutogenese steht die Resilienz (engl. resilience = Spannkraft, Elastizität, Widerstandsfähigkeit). Sie bezeichnet eine stabile Entwicklung der Persönlichkeit trotz ungünstiger Erfahrungen und Belastungen.

Resilienzforschung bestätigt die pädagogische Erfahrung, dass enger, vertrauensvoller Kontakt und verlässliche Beziehungen entscheidend sind für eine autonome, selbstregulierende Entwicklung in Auseinandersetzung mit der Lebenswelt. Der Erzieher ermöglicht und vermittelt Sinn, Halt und Schutz, aber auch den „Glauben und die Hoffnung, dass sich die Dinge letztlich zum Guten wenden". Solche Orientierungsbegriffe einer sinnvollen erzieherischen Begleitung sind nicht ohne optimistische Grundhaltung des Erziehers denkbar.

Beispiel

Maria, 18 Jahre alt, steht kurz vor dem Abitur und möchte später im naturwissenschaftlichen Bereich forschen. Sie besucht Freunde in M., erleidet dort einen schweren Brechdurchfall, der zu Herzstillstand und damit zum klinischen Tod führt. Nach etwa zehn Minuten konnten ärztliche Wiederbelebungsversuche ihr Leben retten. In wenigen Minuten war aus der klugen und strebsamen jungen Frau ein Pflegefall geworden: Sie leidet unter einer diffusen Hirnschädigung. Ausgeprägte Funktionsstörungen führten zur Beeinträchtigung von Wahrnehmung und Bewegung, des Lesens, Schreibens und ganz besonders von Rechnen, Planen und Ausführen von Handlungsfolgen. Sie hatte keine Vorstellungen von Mengen, Reihungen und Zuordnungen, konnte sich kaum konzentrieren; Antrieb, Motivation und Kritikfähigkeit waren nur spurenhaft vorhanden. Die Behandlung in psychiatrischen Einrichtungen und rehabilitative Maßnahmen haben lediglich geringen Erfolg, nach etwa einem Jahr werden sie eingestellt, Maria kommt „austherapiert" nach Hause. Den Eltern wird empfohlen, sie in die Werkstufe der Lebenshilfe-Schule für Geistigbehinderte zu geben, damit sie dort lebenspraktische Fähigkeiten lerne.

Auf der Basis guter Beziehungen und in einer gelösten Atmosphäre beginnen wir im Einzelunterricht mit einem flexiblen heilpädagogischen Programm: Übungen mit Montessori-Materialien, rhythmisch-musikalische Übungen nach Mimi Scheiblauer, basale Wahrnehmungs- und Bewegungsübungen, lebensbezogene und sprachbegleitende rhythmische fein- und großmotorische Übungen, die auch die Mutter zuhause sorgfältig weiterführt.

Maria lernt mit Händen und Sinnen die Welt (wieder) zu entdecken, entwickelt – zunächst auch bei intensiver körpernaher und sprachbegleitender Führungshilfe – bald positive Lebensbewältigungsstrategien. Ihre praktische Problemlösungsfähigkeit nimmt erstaunlich zu: Wir gehen zusammen zur Tür und sprechen dazu, wir sehen die Tür, das Schlüsselloch, stecken den Schlüssel hinein, drehen den Schlüssel um. Maria ahmt das Vorbild nach und versucht die Übungen alleine, dann auch variiert. Wir begleiten ihre ersten selbstständigen Handlungen und Handlungsfolgen, die noch recht unkoordiniert erfolgen, sprachlich unterstützend. Erste gelingende Handlungen wecken Potenziale und Ressourcen. Maria erprobt ihr Können an Widerständen, Handlungsmuster lernt sie auf neue Situationen zu übertragen. Mit ungeahnter Willenskraft bindet sie sich in die überschaubare Lebenswelt ein. Ihre Autonomie nimmt zu, sie fängt an, sich an alte Denkmuster und sprachliche Ausdrucksweisen zu erinnern und kommt nach etwa drei Monaten Schulbesuch ohne Hilfe mit dem Zug in unsere etwa 15 Kilometer entfernte Einrichtung.

Nach gut einem halben Jahr wird sie aus der Schule entlassen, weitere sechs Monate später schreibt sie ihrem Erzieher einen relativ gut leserlichen Brief: „Ich kann gar nicht richtig ausdrücken, wie sehr ich mich freue, Ihnen schreiben zu können!! Nur wie ich beginnen soll, weiß ich nicht so recht. Es gibt so viel zu schreiben, viele Probleme von ‚damals' sind heute fast schon unglaublich für mich, etliche Dinge sind zur Normalität und zur Selbstverständlichkeit geworden, von denen ich einmal dachte, dass ich sie nie mehr erlernen könnte! Aufgrund der Wahrnehmungsstörungen, die ich noch habe, bin ich schon eingeschränkt: Ich brauche mehr Zeit mich zurechtzufinden in neuen Situationen und fremder Umgebung als andere Menschen, und ob sich da noch viel bessern wird bei mir ist fraglich! Durch Zufall habe ich Herrn N. kennengelernt, der nun schon längere Zeit regelmäßig zu mir nach Hause kommt und ‚Rechnen' mit mir übt. Eigentlich ist es viel mehr als nur Rechenunterricht, denn er hat mir wieder ein Verständnis für Mengen, Maße, Längen und deren Zuordnung untereinander nahegebracht! Ich bin sehr froh, dass Herr N. die Geduld hat mit mir zu lernen, und ich merke, dass ich dadurch auch in anderen Bereichen mehr Sicherheit bekomme. Das Schriftbild lässt ja leider noch zu wünschen übrig, aber ich hoffe, dass Sie den Brief doch noch lesen können und dass ich Ihnen noch öfter schreiben darf."

Maria beendete eine Ausbildung zur medizinischen Bademeisterin und Masseurin erfolgreich, wurde zunächst als Praktikantin und später in einem Bezirkskrankenhaus fest angestellt.

Fragen wir nach dem Grund des heilpädagogischen Erfolges, waren es die haltgebenden Übungs- und Lerninhalte, die nach und nach systematisch den (Wieder)Aufbau der bio-psycho-sozialen Strukturen ermöglichten. Entscheidend aber für „Inneren Halt" dürfte die Beziehung zwischen Maria und ihrem Erzieher gewesen sein, durch die ein situationsorientiertes methodisches Vorgehen möglich wurde. Der Erzieher regte in einer Atmosphäre des Vertrauens autonomes, sich selbst regulierendes Lernen an, indem er eine für die Entwicklung günstige Umgebung schuf und Gegenstände so vorbereitete, dass sie – allen Widerständen zum Trotz – zu verinnerlichen waren. Erzieher und Lernende bildeten in der Erziehungssituation eine Ganzheit im Dialog, Maria konnte ihre Kräfte an Widerständen erproben, in alte Bindungs- und Handlungsmuster (wieder) hineinwachsen und sich so weiterentwickeln.

Zahlreiche Studien zur Lebensqualität von Kindern zeigen, dass diese trotz mancher Risikofaktoren (Alkoholismus in der Familie, Armut, Gewalt, Vernachlässigung, schlechte Ernährung, unhygienische Verhältnisse) eine Widerstandkraft entwickelten, die allen Gefährdungen trotzte. Dabei erwies sich der Faktor „Qualität der menschlichen Beziehung" als ausschlaggebend, der in seiner salutogenetischen Bedeutung stärker sein kann als Vererbung und Milieu. Erlebt ein Kind eine vertrauenswürdige Beziehung, auch nur zu einem einzigen Menschen, die sich durch

- Ehrlichkeit und Aufrichtigkeit,
- wohlwollende Zuwendung und
- Respekt vor der eigenen Würde,

auszeichnet, kann es sich nach seiner Sinnperspektive seelisch-geistig gesund entwickeln.

5.2.2 Das logotherapeutische Prinzip

5.2.2.1 Grundlagen

Sehnsucht des menschlichen Herzens ist „Wille zum Sinn"

Carl Gustav Jung, Psychiater, Psychologe und Psychotherapeut, hat bei seinen Studien über Symbolik, Mythen und Archetypen immer wieder die Frage nach der unbewussten Psyche gestellt. „Der Mensch braucht unbedingt Vorstellungen und Überzeugungen, die seinem Leben einen Sinn geben und ihn in die Lage versetzen, für sich einem Platz im Universum zu finden. Er kann die unglaublichen Leiden ertragen, wenn er davon überzeugt ist, dass sie einen Sinn haben, denn die tiefe Sehnsucht des menschlichen Herzens lässt sich nicht mit einem Bankkonto erfüllen." (Jung 1980, S. 89 und S. 102)

Um die Sehnsucht des menschlichen Herzens geht es Viktor Emil Frankl, Neurologe, Psychiater und Psychotherapeut. Er versteht seine Logotherapie als Erziehung zur sinnorientierten Verantwortung. Im Mittelpunkt stehen Begriffe wie Liebe, Freiheit und Gerechtigkeit als Orientierungslinien. Dabei ist das menschliche Gewissen am Werk, das als „Sinn-Organ" in jeder Situation die gegebene Sinn-Möglichkeit aufspürt.

Sinnorientierung des Menschen

Frankl begründete die „Dritte Wiener Schule der Psychotherapie". Schon in jungen Jahren kritisierte er die Psychoanalyse Sigmund Freuds. Er schloss sich bald dem Begründer der „Zweiten Schule", Alfred Adler an. Während des Medizinstudiums hatte er sich mit dessen Individualpsychologie beschäftigt, dabei aber vor allem eine Motivationstheorie vermisst. Seine ersten Studien bestätigten die Bedeutung der Sinnorientierung des Menschen: Es gehe nicht primär um Triebbefriedigung (im Sinne Freuds), auch nicht um Kompensation von Minderwertigkeitsgefühlen oder um Machtposition (im Sinne Adlers), sondern um das Verwirklichen von Aufgaben, für die ein Mensch sich nach seinem Sinnbedürfnis entscheiden wolle. Diese lebensbestimmende Kraft ist für Heilpädagogik und Medizin von fundamentaler Bedeutung.

Frankl untersuchte den Willen zum Sinn. Er leitete 14 Jahre lang in der Wiener Psychiatrischen Klinik eine Abteilung für Suizidkranke und konnte Ursachen von Selbstmordhandlungen sorgfältig analysieren. Mit Logotherapie vermochte er ein lebensrettendes Angebot zu machen: Durch Hilfe zur Sinnfindung; denn im Willen zum Sinn sieht die Logotherapie das bewegende Moment eines jeden Menschen.

Die Grundstruktur dieses Urmotivs musste Frankl selbst als Häftling in Konzentrationslagern erfahren. Unter qualvollen Bedingungen bestätigte er die als menschliches Urvermögen bezeichneten Kräfte der Selbstdistanzierung und Selbsttranszendenz. (Näheres in Klein 2018a, S. 45 ff.) Sie ermöglichten ihm den Weg in ein Reich geistiger Freiheit und damit zum Überleben.

In Extremsituationen erkannte und erprobte Frankl die Grundkräfte der

- *Selbsttranszendenz* (erlittene Traumata im Geistigen annehmen) und der
- *Selbstdistanzierung* (von Ereignissen Abstand gewinnen und sich einer Aufgabe hingeben).

Selbsttranszendenz ermöglicht dem Menschen, von sich selbst abzusehen und öffnet den Blick, das Geistige wahrzunehmen, das uns im Anderen, in der Kunst und Kultur, in Normen und Werten begegnet. Hier kann sich menschliche Existenz im Logos, im geistigen Prinzip der Welt finden und das Erlittene durch Annahme ins Geistige transzendieren.

Selbstdistanzierung soll nicht ein Sich-Zurücknehmen, auch nicht gezielte Selbstbeobachtung sein, die als Selbstzweck problematisch wäre.

Zum Wesen des Menschen gehört das Ausgerichtetsein, sei es auf etwas, auf jemanden, auf ein Werk oder einen Menschen, auf eine Idee oder Person. Der Mensch braucht also eine Aufgabe in seinem Leben, die es ihm ermöglicht, Sinn zu erfüllen. Indem er dies handelnd verantwortet, verwirklicht er sich selbst.

Von der „Sinn-Leere" zur „Sinn-Lehre"

Frankl hinterfragt die Einstellung des Menschen zu seinem Schicksal. In der Extremsituation der Entmenschlichung bleibt nur der Glaube an den Sinn des Lebens, den es zu erspüren und zu erfüllen gilt. Der Mensch ist fähig, sich innerlich von einem Geschehen zu distanzieren und sich einem anderen Erleben zuzuwenden, auch aus dem Negativen noch das kleinste Positive herauszufiltern, eben „trotzdem ja zum Leben" zu sagen. Frankl antwortet also auf die, seine Existenz bedrohende „Sinn-Leere" mit einer haltgebenden „Sinn-Lehre", die den Aufbau des „Inneren Halts" ermöglicht.

Hier begegnet uns ein von Kultur und Gesellschaft unabhängiges Urphänomen. Tausende von Beispielen aus allen Kontinenten zeigen, dass Sinnfindung jedem Menschen offensteht, unabhängig von Intelligenzquotient und Bildungsstand, Geschlechtszugehörigkeit oder Alter.

Logotherapie ist Verstehens- und Handlungsgrundlage für alle Menschen

Der Meinung, die Grundelemente der Logotherapie träfen für Menschen mit so genannter geistiger Behinderung nicht zu, ist entschieden zu widersprechen. Würde man diesem Vorurteil folgen, wären ihnen Sinn und Geist abzuerkennen, sie würden ausgegrenzt und in weitere Isolation gedrängt. Solchem ethischen Reduktionismus steht die Erkenntnis Frankls gegenüber, dass Menschen mit kognitiver Beeinträchtigung ebenso für Sinnverständnis empfänglich sind wie andere: Es kommt auf das Bild vom Menschen an, darüber hinaus auf die Methoden des verstehenden und begleitenden therapeutischen Erziehers.

Geistigkeit, Freiheit und Verantwortlichkeit

Existenzielle Erfahrungen und Deutung der Zeitprobleme führten Frankl zu einem Menschenbild, das von Geistigkeit, Freiheit und Verantwortlichkeit geprägt ist. Unter Existenz versteht Frankl nicht einfach ein Da-Sein, sondern das dem Menschen eigene Sein, eine Unzerstörbarkeit des Geistigen, die sich von den Schichten des Physikalischen, Organischen und Psychischen deutlich abhebt. Den Glauben an den personalen Geist machte Frankl zu einem Leitsatz. Die geistige Person mag an seelischer Erkrankung leiden, wird aber von ihr nicht zerstört.

Hinter jeder psychischen Krankheit steht die unberührte geistige Person. Der Mensch kann zu den leiblichen und sozialen Bedingungen seines Lebens frei Stellung nehmen. Als geistigem Wesen ist es ihm möglich, sich je nach Situation so oder anders zu entscheiden und dies in Freiheit zu verantworten.

Das bedeutet im Hinblick auf Erziehung: Dem Kind seine Entwicklung zu ermöglichen, es gerade an Grenzen seines Wollens und Könnens zu unterstützen, in seiner Persönlichkeit zu stärken. Wer dem Kind Freiheit nimmt, kann es nicht durch Erfahrung an Grenzen zur Verantwortung führen.

Der Sinn des Lebens ist zu beantworten und zu verantworten

In seiner Biographie begegnet uns Frankl als gütiger, humorvoller und heiterer Mensch, der Leiden zu einer Leistung wandeln konnte. Selbst in aussichtslosen Situationen vermochte er Erfüllung und Sinn zu finden. Seine Praxis basiert auf schmerzlichen Erlebnissen, was er mit sinnvollem Handeln beantwortet: „Der Sinn des Lebens sei nicht zu erfragen, sondern zu beantworten, indem wir das Leben verantworten. Daraus ergibt sich aber, dass die Antwort jeweils nicht in Worten, sondern in der Tat, durch ein Tun zu geben ist. Auch das Leben fragt uns nicht in Worten, sondern in Form von Tatsachen, vor die wir gestellt werden, und wir antworten ihm auch nicht in Worten, sondern in Form von Taten, die wir setzen." (Frankl 1979, S. 234)

5.2.2.2 Sinn finden durch Verwirklichung von Werten

Im Zentrum der Erziehung steht der Mensch in seiner Geistigkeit und Sinnorientiertheit. Frankls Erfahrungen mit körperlich und psychisch kranken, mit seelisch gestörten und behinderten Menschen, führten zur Unterscheidung von drei Gruppen bezüglich des Lebenssinns: Zunächst einmal sieht er einen Sinn darin, etwas zu schaffen. Darüber hinaus sieht er einen Sinn darin, etwas zu erleben. Auch in einer hoffnungslosen Situation, der er hilflos gegenübersteht, kann er noch einen Sinn finden. Worauf es ankommt, ist die Einstellung zum Unabänderlichen im Leben.

Zur Sinnverwirklichung ist dem Menschen verfügbar:

- Werte verwirklichen durch Schaffen (schöpferische Werte)
- Werte verwirklichen durch Erleben (Erlebniswerte)
- Werte verwirklichen durch Einstellung zum eigenen Leben (Einstellungswerte)

Diese Werte, die in der Praxis ineinander übergehen und nur theoretisch zu unterscheiden sind, führen zur Sinnfindung durch individuelles Gestalten. Dabei handelt es sich um intentionale Akte, die ungeahnte Möglichkeiten eröffnen, wie folgende Beispiele von Dorothea Schmidt-Thimme, der Mutter Ingrids, eines Menschen mit Williams-Beuren-Syndrom, anschaulich zeigen. (Klein/Schmidt-Thimme 1992, S. 81 ff.) Die folgenden Beispiele sind dem Beitrag Klein/Schmidt-Thimme entnommen.

Schöpferische Werte

„Heinrich der Dichter (45) hat viele Hobbys. Er sammelt Münzen, Stocknägel und Schlüsselanhänger – und macht auch Gedichte. Was wäre wohl aus dem kleinen Menschen mit gedrungener Figur und einem durch Hautwucherungen entstelltem Gesicht geworden, wenn er nicht als kleines Kind plötzlich epileptische Anfälle bekommen hätte, die sein weiteres Leben gezeichnet haben! Wenn wir zu ihm sagen: ‚Heinrich, mach uns ein Gedicht', weil wir gerade über den Hunger in der Welt sprechen, dann können wir sicher sein, dass er nach einiger Zeit einen Zettel hervorzieht, auf dem mit krakeliger Schrift und in schiefen Zeilen zu lesen ist:

Tut die vielen nicht vergessen,
die nicht – wie ihr habt – viel zu essen.
Drum schmeißt das Essen nicht achtlos weg,
auf dass es nachher nicht liegt im Dreck.
Denkt beim Essen an die Not
und die vielen ohne Brot.'" (ebd., S. 83)

Schöpferische Werte sind durch Spielen, Lernen und Arbeiten zu verwirklichen, also durch Grundformen der Begegnung und Auseinandersetzung mit der personalen und gegenständlichen Welt. Jeder Mensch will gestalten, was ihm möglich ist, ihn in seinem Sein und Selbst bestätigt, für ihn Sinn und Wert hat.

Erlebniswerte

„Zum Abschluss unserer zehntägigen Freizeit mit einer kleinen Gruppe von Mitarbeitern der Werkstatt, einigen Eltern und Betreuern, stehen wir am Lagerfeuer, über uns der Sternenhimmel, ringsum der schweigende, dunkle Wald. Gute Worte werden gesprochen, ein Lied nach dem anderen wird angestimmt. Das hat Elfriede noch nie erlebt. Sie kommt aus einem dunklen Hinterhaus in der Altstadt und wird von der Großmutter treulich umsorgt. Beide sind gehbehindert und können ihre ärmliche Wohnung nur mit Mühe verlassen. Elfriede guckt oft recht unzufrieden in die Welt, schimpft gerne und macht der Großmutter das Leben schwer. Aber jetzt am Lagerfeuer ist sie wie verwandelt. Sie drückt mir die Hand und schaut zu mir her, der Schein des Lagerfeuers erhellt ein glückliches, zufriedenes Gesicht, alle Spuren von Krankheit und Behinderung sind wie weggewischt, sie gibt sich dem Augenblick der allgemeinen Ergriffenheit hin, ohne Einschränkung und Vorbehalt. Das Feuer erlischt, wir gehen still ins Haus zurück, nach und nach hat uns der Alltag wieder. Wir alle fühlen uns beschenkt und reicher als vorher – Elfriede gehört dazu." (ebd., S. 85)

Selbstinitiierte erlebnisreiche Höhepunkte werden Menschen mit Beeinträchtigungen selten zuteil. Sie leben in sozialer Abhängigkeit daheim oder in einer Einrichtung. Ihre Tage sind weitgehend geprägt von der Aktivität oder Inaktivität, der Phantasie oder Gleichgültigkeit ihrer Bezugspersonen. Es kann aber auch anders sein.

Einstellungswerte – Wie trägt der Mensch sein Schicksal?

„Horst berichtet: ‚Vor drei Jahren hatte ich einen Unfall mit dem Auto. Das war schlimm. drei Jahre war ich in der Rehabilitation, jetzt kann ich wenigstens mit dem Gehgestell laufen. Früher war ich Schlosserlehrling, das kann ich nicht mehr machen, meine rechte Hand tut's nicht mehr. Jetzt bin ich hier in der Werkstatt für Behinderte, was anderes gibt's ja nicht. Zuerst war's hier die Hölle. Aber jetzt habe ich mich schon integriert. Den anderen geht's ja auch nicht besser. Aber zu Hause da ist's oft schlimm. Früher war ich immer mit meinem Vater zusammen, der ist auch Handwerker. Aber seit dem Unfall da kommen wir nicht mehr zurecht miteinander. Ich kann ihm ja nicht mehr zur Hand gehen, vielleicht kann ich mal an einem Computer arbeiten. Und allein wohnen will ich auch mal, vielleicht mit einer Freundin.' Horst spricht verlangsamt, leise und etwas undeutlich. Zweimal die Woche geht er zur Krankengymnastik und Beschäftigungstherapie. Ich will doch weiterkommen', meint er." (ebd., S. 87)

„Gerhild sitzt seit ihrem 8. Lebensjahr im Rollstuhl. Immer wieder ist eine Operation notwendig, um ihre reduzierte Bewegungsfähigkeit wenigstens zu erhalten. Ihre regelmäßigen Übungen auf dem Gymnastikrad nimmt sie sehr ernst. Mindestens ein Dutzend Mal geht sie die Treppe zu Hause hinauf und hinunter. ‚Ich will doch nicht ganz steif werden', meint sie. ‚Ich will alles alleine machen', und dabei bemüht sie sich und strengt sich an, vom Rollstuhl auf einen normalen Stuhl zu kommen. Regelmäßig nimmt sie am Gesprächskreis teil und trägt durch ihr aufmunterndes Verhalten viel zur positiven Stimmung bei. Unerwartet erschreckt sie mich. Sie schließt die Augen, ihre Gesichtszüge verzerren sich. Ich spreche sie an – da ist sie schon wieder da. ‚Machen Sie nur weiter', sagt sie ‚mein Bein, das war nur ein Moment. Jetzt ist es schon wieder besser. Ich bin wunschlos glücklich', sagt sie oft lachend, ‚wissen Sie, ich bin doch eine rheinische Frohnatur!'" (ebd., S. 88)

Wie tragen Horst und Gerhild ihr Schicksal? Lassen sie sich niederringen von ihrem Schicksal oder können sie die innere Einstellung bewahren, persönliche Werte wie Mut und Würde realisieren? „Eben in seinem Sichverhalten zu dieser Einengung seiner Möglichkeiten eröffnet sich ein neues, eigenes Reich von Werten, die sicherlich sogar zu den Höchsten gehören. Denn wie der Mensch sich zu einem unabänderlichen Schicksal einstellt, darauf kommt es hier an." (Frankl 1987, S. 82) Nach Frankl kann die menschliche Existenz niemals wirklich sinnlos werden. Das Leben des Menschen „behält seinen Sinn solange er atmet". (ebd., S. 83)

Die Beispiele zeigen: Wir können den verborgenen Sinn für die Kinder freilegen und ihnen situationsorientiert Gelegenheit schaffen, sich selbst zu entdecken und Werte zu verwirklichen. (Klein 2018a, S. 43)

Versucht der Erzieher Achtung, Bestätigung und Bestärkung so einzubringen, dass sich die Kinder in ihrem Denken, Fühlen und Wollen geachtet und bestärkt fühlen, sind alle auf dem richtigen Weg. Er vertraut auf die Kräfte der Selbstaktualisierung des Kindes oder der Gruppe. Vertrauen wird geschenkt und gemeinsam erlebt. Dies kann heilen und aufrichten. So entstehen Sicherheit, Geborgenheit und ein Bejahen des gemeinsamen Seins.

Frankl zitiert aus dem Brief einer Mutter, die ihr Kind durch „Euthanasie" verloren hatte: „Das Kind konnte nicht gehen, nicht sprechen, aber ich war jung und gab die Hoffnung nicht auf. Und wenn ich ihre kleinen mageren Händchen um meinen Hals legte und sie fragte: ‚Hast du mich lieb, Mädi?', da drückte sie sich ganz fest an mich, lachte und fuhr mir unbeholfen mit den kleinen Händchen ins Gesicht. Da war ich glücklich, trotz allem, unendlich glücklich.'" (Frankl 1985, S.120).

Hier ist gemeinsame Existenz sichtbar: Vertrauen wird geschenkt und über den Tod hinaus erlebt.

5.2.2.3 Freiheit, Gleichwertigkeit und Gleichwürdigkeit

Unverwundbarer Geist

Frankl geht von der Unzerstörbarkeit des menschlichen Geistes aus. Nach seiner Erkenntnis besteht der Mensch aus Soma (Körper), Psyche (Seele) und Geist. Zur somatischen Dimension gehören alle leiblichen Phänomene, die organische Zellgrundlage und die physiologische Lebensstruktur einschließlich der chemischen und physikalischen Prozesse; zur psychischen gehören Befindlichkeit, Gestimmtheit, Triebe, Instinkte, Hoffnungen, Begierden, Sehnsüchte und Begabungen, die erworbenen Verhaltensmuster und sozialen Prägungen; zur geistigen die freie Stellungnahme zu Leiblichkeit und Befindlichkeit, eigenständige Willensentscheidung und Intentionalität, künstlerisches Interesse, schöpferisches Denken, ethisches Empfinden, Gewissen und Werteverständnis.

Die Dreidimensionalität lässt das eigentlich Menschliche erst aufscheinen, wenn wir uns in die Dimension des Geistigen wagen, der Mensch wird erst sichtbar, sofern wir diese ‚dritte' Dimension einbeziehen. Während sich nämlich das vegetative Leben ohne weiteres innerhalb der Dimension des Leiblichen erklären lässt, das animalische noch innerhalb der Dimension des Seelischen, geht die personal-geistige Existenz in der Zweidimensionalität nicht auf: In sie kann nach Frankl der Homo humanus höchstens hineinprojiziert werden.

Frankl sieht die Dimension des Geistigen als das Charakteristische des Humanum an, versteht den Menschen als geistbegabtes und auf Sinn hin ausgerichtetes Wesen, bezieht damit Stellung gegen Lust- und Glücksstreben ohne Geistiges und Wertebezogenheit. Vor diesem Hintergrund ist zu fragen, ob der Geist behindert sein kann. Sind Menschen wirklich „geistig" behindert oder werden sie erst durch Zuschreibung dazu gemacht?

Der evolutionären Erkenntnistheorie zufolge repräsentiert der Geist des Menschen, wie der Geist der Menschheit, etwas vom Geist, der von Beginn an in der Welt wirkt. Der Geist ist letztlich in seinem Ursprung als das geistig Unbewusste in der „‚Mitte' menschlichen Seins." (Frankl 1992, S. 24)

Auch die Logotherapeutin Elisabeth Lukas bezieht sich auf evolutionäre Schöpfungsgedanken, wenn sie von Äonen spricht, in denen sich der menschliche Geist ausgebildet habe, der ohne ein geistiges Prinzip in der Welt nicht denkbar sei. Darauf aufbauend definiert sie die geistige Dimension des Menschen als etwas, „das selber und seinerseits nicht krank werden und auch nicht sterben kann." (Lukas 1990, S. 102)

Lukas wird konkret und trifft einen Kern pädagogischen Denkens für Menschen mit kognitiver Beeinträchtigung: Wenn das „Geistige jenseits von Raum und Zeit existiert" und „in Raum und Zeit hineinwirkt, dann bietet sich uns noch ein weiterer Grund an, einen solchen menschlichen Organismus zu erhalten, so gut es geht. Ihm wohnt eine geistige Person inne, entfaltet oder nicht entfaltet, blockiert von organismischen Defekten oder nicht blockiert, sie wohnt ihm inne und sucht ihren spezifischen Ausdruck in der Welt. […] Das eigentliche menschliche Sein des Menschen beinhaltet die tatsächliche Wesensgleichheit aller Menschen, die es uns gestattet, dem anderen in uns selbst und uns selbst im anderen zu begegnen, jedweder Andersartigkeit zum Trotz." (Lukas 1990, S. 103)

Das spezifisch Menschliche ist die geistige Dimension. Die unantastbare und unzerstörbare Würde kann nicht erkranken oder behindert sein. Legen wir therapeutischer Erziehung diese positive Anthropologie, die Idee von Freiheit, Gleichwertigkeit und Gleichwürdigkeit aller Menschen zugrunde, eröffnen sich der Inklusionspädagogik große Möglichkeiten.

5.2.3 Das rhythmische Prinzip (Rhythmus und Bewegung)

Rhythmische Erziehung war schon ein zentrales Anliegen der Heilpädagogik bei Hanselmann und Moor. Wir vertiefen dies mit neuen Erkenntnissen und beziehen dies beispielhaft auf Kinder, die sich kaum konzentrieren können und wegen Lern- und Verhaltensproblemen den Erzieher herausfordern.

5.2.3.1 Kinder mit Aufmerksamkeitsstörungen – rhythmische Erziehung statt Stimulanzien

Viele Kinder fallen schon in den ersten Lebensjahren durch ein Verhalten auf, für das man zahlreiche Bezeichnungen in der psychologischen, psychiatrischen, psychotherapeutischen und heilpädagogischen Literatur findet. Für Begriffe wie exogenes Psychosyndrom, psychoneurologische Lernschwäche, Aufmerksamkeits-Defizit-Syndrom (ADS), Aufmerksamkeits-Defizit-Hyperaktivitätsstörung (ADHS), hyperkinetisches Syndrom (HKS) und andere Syndrome gibt es zahlreiche Symptome (Klein 2018a, S. 106 ff.).

Beunruhigend sind Angaben, nach denen sich die Zahl der Zwei- bis Vierjährigen, die Psychopharmaka schlucken, im vergangenen Jahrzehnt verdreifacht habe. An erster Stelle der Verschreibungen stehe das Aufputschmittel (Psychostimulans) Methylphenidat (Ritalin), das bei emotionaler Labilität, Störungen der Wahrnehmung und der Bewegungskoordination, Teilleistungs-, Aufmerksamkeits- und Konzentrationsstörungen oder Hyperaktivität helfen soll. Nach amerikanischen Studien weist etwa jedes dritte bzw. vierte Kind unter sieben Jahren solche Symptome auf. Bis zu neun Millionen „Zappelphilippe“ bekommen Ritalin verordnet. Hilft das nicht, was oft der Fall ist, müssen Eltern, Erzieher und Wissenschaftler nach anderen Lösungen suchen.

Die kritische Betrachtung lässt folgenden Schluss auf mögliche Bedingungen zu: Fernsehen, Computerspiele und die Spielzeugindustrie machen Jagd auf die Kinder. Was tun, wenn die Teletubbies schon die Kleinsten vor den Schirm locken? Was sollen sie dem Konsumdruck und Markenterror denn entgegensetzen? Eltern und Erzieher sind oft ratlos und resignieren. Wie können sie ihr Kind begleiten? Für Josef Weizenbaum, einen Pionier der Computertechnik, ist der kindliche Geist ursprünglich voll von herrlicher kreativer Phantasie. Die intuitive Kraft werde aber gestört, wenn das Kind bedingungslos ihm von außen aufgenötigten Regeln folge. Tatenlosigkeit beim Zuschauen lähme seinen Willen, es werde von der vorgegebenen Welt abhängig. Außengeleitet und lediglich konsumierend sei das Kind nicht oder nicht hinreichend in sich geborgen und frei für eigenes schöpferisches Tun. Da es primär auf Reize zu reagieren lerne, fehle ein Agieren aus eigenem Kraftzentrum. Ganz offensichtlich halten uns die heutigen Kinder einen entlarvenden Spiegel vor: Sie sind Kinder ihrer Zeit und Umwelt, an der auch wir Teil haben.

Diagnostische Kriterien von ADS, ADHS und HKS sind keineswegs spezifisch:

- Unaufmerksamkeit/Desorganisation: Die Kinder können ihre Aktivität nicht selbst in die Hand nehmen oder zu Ende führen, sind unkonzentriert und ablenkbar, können ihre Zeit nicht einteilen, ordnen sich in die Gruppe schlecht ein, machen viele Flüchtigkeitsfehler und wirken häufig wie geistesabwesend.
- Hyperaktivität: Kinder zeigen motorische Unruhe (Bewegungsunruhe), wirken innerlich unausgeglichen, können sich nicht ausreichend entspannen.
- Impulsivität: Kinder führen häufig unüberlegte Handlungen aus, können die Konsequenzen nicht einkalkulieren und kontrollieren, auf Kritik reagieren sie mit Wut.
- Emotionale Instabilität: Kinder zeigen raschen Stimmungswechsel ohne besonderen Anlass, sind schnell ermüdbar und vermindert belastbar.

Welche Ursachen dieser Störung eigentlich zugrunde liegen, darauf geben Medizin und Neurobiologie (noch) keine befriedigende Antwort. Genetische Komponenten spielen wahrscheinlich eine wichtige Rolle, bestimmte Funktionssysteme des Gehirns dürften beeinträchtigt sein, eindeutig pathologische Befunde sind aber (bisher) nicht nachzuweisen. Man vermutet einen Mangel am Neurotransmitter Dopamin, der die Verarbeitung von Informationen steuert und Aufmerksamkeit strukturiert. Ritalin soll ein Dopamin-Defizit ausgleichen. Die medikamentöse Therapie muss aber durch psychosoziale Maßnahmen ergänzt werden (multimodale Therapie). Leider zeigt die Praxis, dass bei vielen Kindern ohne umfassende Diagnostik, die alle möglichen Ursachen analysiert, allein wegen der Symptome ein Medikament gegeben und die wichtige Einsicht negiert wird: Ein ADS-Kind ist vorrangig kein medizinisches Problem, sondern eine gesellschaftliche, soziale und pädagogische Herausforderung.

Es gibt nämlich Erfolg versprechende Hilfe auch ohne Medikament. So wurden Übungsprogrammen zur Konzentration entwickelt, die Spaß machen und einfach zu verwirklichen sind. Folgende Aspekte sollte der therapeutische Erzieher beachten:

- Gib wichtige Informationen in der Nähe des Kindes und ihm zugewandt, artikuliere deutlich, ohne dabei zu übertreiben.
- Ergänze mündliche Informationen möglichst durch eine visuelle Informationsdarbietung: Bilder oder Blätter.

- Ermuntere das Kind zum Nachfragen und achte darauf, dass dies von den anderen Kindern nicht als Unaufmerksamkeit abgewertet wird.
- Sorge möglichst für Ruhe oder ruhiges Sitzen, zumindest solange wichtige Dinge angesprochen werden.
- Akzeptiere, wenn sich das Kind eine Pause gönnt, versuche aber auch, es durch bewusste Ansprache in die Gruppe einzubinden.
- Mache häufig Einzelübungen (Spiele) mit dem Kind, versuche dabei zu gegebener Zeit auch ein anderes in die Übungssituation einzubeziehen, so dass daraus nach und nach Partner- und Gruppenspiele werden.
- Halte regelmäßigen Kontakt zum Elternhaus.

Diese Hinweise zur heilpädagogisch-psychologischen Begleitung von Kindern mit Aufmerksamkeitsstörung und Hyperaktivität sind gut durch rhythmische Erziehung zu ergänzen. Sie kann „das Übel an der Wurzel" fassen und den Kindern helfen, sich einer Aufgabe konzentriert zuzuwenden, Störungen der Aufmerksamkeit zu meiden, Lern- oder Verhaltensprobleme auszugleichen. Auch wenn mitunter auf ein Medikament nicht verzichtet werden kann, ist doch dessen Dosis möglichst gering zu halten bzw. seine Anwendung zeitlich zu begrenzen.

Rhythmik ist aller Bildung Anfang

Bei allen Versuchen, Rhythmik zu beschreiben und zu erklären, findet man Hinweise auf Lebensabläufe oder körperliche Funktionen und auf ihre Wechselwirkungen mit der Umwelt. Rhythmik kann auch verstanden werden als Bewusstmachen der Leiblichkeit mit dem Ziel, diese in Bewegungsformen auszudrücken. Sie ist so gestaltet, dass jeder Mensch, unabhängig von seinen Anlagen und Schwächen, die Möglichkeit hat, sich mit Hilfe des Rhythmus in Einklang mit seiner Umwelt zu bringen. (Klein 2012, S. 106)

Rhythmus ist offensichtlich schon im vorgeburtlichen Leben bedeutsam. Rhythmik und Musik erreichen den Menschen auch dort, wo keine andere Kommunikation möglich ist. Rhythmische Klänge erzeugen inneres Mitschwingen, wirken auf hormonelle und neurophysiologische Funktionen und setzen Entwicklungsprozesse frei. Erfahrungen von Musiktherapeuten sprechen für eine besondere, frühe Fähigkeit zur Lautperzeption, wobei tiefere Frequenzen über den Magen, höhere über Kopf, Hals und Brust wahrzunehmen sind. Der Kontaktvibrationssinn, ein Wahrnehmen von Schwingungen durch Berühren eines Resonanzkörpers, ist physiologisch durch auf Druck reagierende Sinnesrezeptoren in Muskeln, Gelenken, Bändern und Sehnen zu erklären.

Rhythmus ist ein Vorgang des Ordnens und Gliederns, des Weckens und Entfaltens. Er wirkt auf den Menschen als bio-psycho-soziale Einheit. Rhythmik ermöglicht ein Wechselspiel zwischen Empfangen und Geben, Empfinden/Wahrnehmen und Sich-Ausdrücken bzw. Handeln – eine Grundlage der Kommunikation. (Klein 2012, S. 108)

Kinder brauchen Rhythmus

Ohne Rhythmus ist unser Leben nicht denkbar. Zwischen Rhythmen und Gewohnheiten besteht ein enger Wechselbezug: Rhythmen tragen zu Gewohnheiten bei und Gewohnheiten stabilisieren die Rhythmen.

Jedes Kind hat ein Bedürfnis nach Rhythmus und Kontinuität, Üben und Wiederholen. Damit entstehen Gewohnheiten, die Zuversicht, Sicherheit und Vertrauen in die eigenen Kräfte geben.

Bereits bei den ersten reflektorischen und sensomotorischen Aktivitäten des Neugeborenen spielen rhythmische Vorgänge eine große Rolle. Im Säuglingsalter bilden sich sensomotorische Schemata durch aktive Organisation von früheren Erfahrungen: Aus Greifreflexen entstehen Greifakte, Handbewegungen und Sehen werden koordiniert. In Wechselwirkung mit der Umwelt entstehen aus Nachahmung erste Gewohnheiten. Durch Differenzierung gehen neue aus vorhandenen Handlungsstrukturen hervor.

Die Entwicklungspsychologie weist eindringlich darauf hin, dass jedes Kind einen rhythmisch strukturierten Tagesablauf und stabile Gewohnheiten benötigt. Ist es von einer Entwicklungsauffälligkeit bedroht, braucht es ganz besonders Halt gebende Gewohnheiten und Rhythmik.

Die Bedeutung verschiedener Rhythmen, des Tages-, Wochen- oder Jahresrhythmus, ist durch viele Beobachtungen gut bekannt. Gewohnheiten stärken die Lebenskraft, sie können sie aber auch schwächen. Wenn Kinder und Erzieher heute über Kraftlosigkeit und Müdigkeit klagen, liegt dies auch an fehlenden Lebensgewohnheiten, die das Kohärenzgefühl stärken.

5.2.3.2 Rhythmus und Erziehung

Schon den Menschen der Antike war die rhythmische Natur vieler Lebensäußerungen geläufig. Der griechische Philosoph Heraklit (um 500 v. Chr.) sah im „panta rhei" (alles fließt) ein Grundprinzip der Natur: Aus dem Fließen oder Rhythmischen entstehe die Urkraft des Lebendigen, die „Energie an sich" – darauf beruhe die Existenz des Kosmos.

Vor allem im vergangenen Jahrhundert führten in Europa und in Amerika verschiedene Konzepte zu einer neuen Sicht: In lebensphilosophischen und reformpädagogischen Betrachtungen über Rhythmus und Ästhetik, rhythmische Gymnastik und Tanz wollte man zurück zu den Urkräften und den Urquellen des Seins.

Der Genfer Musikpädagoge Emile Jaques-Dalcroze betonte in seiner rhythmisch-musischen Erziehung die Dimensionen Raum und Zeit. Er wies hin auf die untrennbare Beziehung zwischen

- Rhythmus und Körper
- Geist und Bewegung

im Medium der Musik. Einige Grundsätze seiner „Rhythmischen Gymnastik" sind noch heute beachtenswert:

- Jeder Rhythmus ist Bewegung.
- Bewegung im Rhythmus gibt es von Beginn des Lebens an.
- Jede Bewegung braucht Raum und Zeit.
- Rhythmus bringt Ordnung in die Bewegungen und in die Wahrnehmung.
- Durch Bewegungs- und Wahrnehmungserfahrungen bildet sich das Bewusstsein.
- Der Geist des Menschen ist von den ersten Anfängen an zum Rhythmus zu erziehen. (Klein 2012, S. 110 ff.)

Rhythmik statt Intellektualisierung

Die skizzierte Entwicklungstendenz ist eine Antwort auf das einseitig intellektuelle in Fächer zergliederte Lernen, auf damit verbundenen Bewegungsmangel sowie die heute bei vielen Kindern festgestellte instabile Gesundheit. So wird verständlich, dass etliche Bewegungs- und Körpertherapien bei Kindern mit Entwicklungs-, Lern- und Verhaltensschwierigkeiten Hilfe durch bewegungserfülltes, ganzheitliches Lernen versprechen. Diese Besinnung auf wichtige Grundlagen beachtet die Beziehungen zwischen

- Körper (Körperbewegungen),
- Geist (geistige Strukturen) und
- Seele (künstlerische und bildnerische Bildungsinhalte).

Rhythmische Erziehung bei Paul Moor und Rudolf Steiner

In seiner „Heilpädagogik" widmet Paul Moor der „Rhythmischen Erziehung" ein eigenes Kapitel. Rhythmus ist für ihn Ausdruck des Menschlichen überhaupt, der Leibes- und Gemütsbewegung. Die rhythmische Erziehung betrachtet er als einen wesentlichen Teil der musischen und ästhetischen Erziehung. Sie wirke über leibliche Bewegungen und diene der Pflege des Gemüts: „‚Rhythmus' ist die kennzeichnende Eigenschaft eines leiblichen Bewegungsablaufs, in welchem eine Gemütsbewegung unmittelbaren, von keinem Wollen oder Begehren getrübten Ausdruck findet." (Moor 1999, S. 152).

Rhythmische Erziehung soll dem Kind ermöglichen,

- das Musische und Ästhetische in seinem leiblichen Sein wahrzunehmen, zu empfangen und zu erleben;
- sich unmittelbar in Bewegungen, in individualisierten Bewegungsgestalten auszudrücken;
- sich in den Bewegungen des Leibes innerlich zu lösen, zu entspannen und sich wohlzufühlen.

Die rhythmisch-musische Erziehung spricht das Gefühl an. Kinder werden dazu motiviert, sich individuell und aufmerksam im Wechsel von Spontaneität und Rezeptivität zu bewegen. Rhythmus lässt Geborgenheit und Freude, Erkenntnis und Staunen erleben. „Je tiefer und reicher der empfangene Gehalt ist, desto mehr bestimmt er den Rhythmus des Gestimmtseins des ganzen Tuns und Lassens, so dass er zum tragenden Lebensrhythmus wird." (Moor 1999, S. 159)

Für *Rudolf Steiner*, Begründer der Waldorfpädagogik, der anthroposophischen Heilpädagogik und Sozialtherapie sowie der Eurythmie ist alles Sein in Entwicklung und hat einen Sinn. (Klein 2012, S. 110)

Das Kind lebt besonders im Rhythmus von Wachen und Schlafen, Einatmen und Ausatmen, Erleben und Gestalten, Aufnehmen und Ausführen. Der klangvolle musikalische Rhythmus in Liedern und in Bewegungen hat eine organbildende Kraft. Rhythmus und Bewegung sensibilisieren und aktivieren die Sinne, insbesondere Bewegungs- und Gleichgewichtssinn und damit das schöpferische und ordnende Denken.

Das Kind will in nachahmenden Bewegungen die Welt verinnerlichen, bringt sich mit seiner Motorik in die gemeinsame Welt ein. Indem es sich unmittelbar im Rhythmus und in den Bewegungen erlebt, kann es sein Denken, Fühlen und Wollen und damit das bewusste Ich entwickeln. Im Prozess der Selbstausformung entfaltet und gestaltet es seinen „Inneren Halt".

Aspekte heilender Bewegung (Eurythmie)

Die Eurythmie wurde von Rudolf Steiner als besondere Form des Bewegungsausdrucks eingeführt. Im Bild der Waage zeige sich das Wesen des

Rhythmischen, im Hin- und Herbewegen zwischen den Polen werde Gleichgewicht gesucht. Sei der Mensch nicht (mehr) fähig, gleichsam aus der Herzmitte heraus in dieses Gleichgewicht zu schwingen, könne er körperlich und seelisch erkranken. Aufgabe der Erziehung sei das Streben nach Gleichgewicht und Ausgleich, das Suchen nach Verbindendem und Zusammengehörendem.

Dass es um einen harmonischen Rhythmus geht, soll die Silbe eu (altgriechisch für „gut" oder „richtig") ausdrücken. In eurythmischen Bewegungen kann der Mensch als Mikrokosmos schöpferisch und künstlerisch den Makrokosmos sichtbar werden lassen. Der makrokosmische Rhythmus des Jahres- und Tageslaufs offenbart sich beim Menschen im Puls und Atem. Sind diese Rhythmen aus dem Gleichgewicht, entsteht seelisches und körperliches Unwohlsein, kommt es zu Krankheiten. Eurythmie will ermöglichen, aus dem Arhythmischen und Hektischen in Einklang mit den kosmischen Rhythmen zu kommen, ins Harmonische und Ausgleichende zu finden.

Harmonische Bewegungen gehören zum Menschen: Aus dem Gleichgewicht geraten, hat er ein Bedürfnis nach Ausgleich, eurythmisch ins innere und äußere Gleichgewicht zu kommen, um

- sein Gemüt zu pflegen,
- seinen Willen zum Handeln zu üben,
- sein Denken und Wahrnehmen zu schulen.

Bei der Erziehung werden folgende Inhalte und Ziele angestrebt:

- (Aus)Bilden der Fantasie und des kreativen Denkens.
- Üben der Sinne, besonders des Hörsinns und Bewegungssinns.
- Koordinieren der groß- und feinmotorischen Bewegungen.
- Übungen der Körpergeschicklichkeit.
- Bewegungen harmonisieren durch Musik und Sprachrhythmen.
- Soziale Kräfte entwickeln, in den Bewegungen den Anderen und die Gemeinschaft erleben. (Klein 1999, S. 30)

Rhythmische Erziehung bei Mimi Scheiblauer und Moshé Feldenkrais

Die rhythmisch-musikalische Erziehung von *Mimi Scheiblauer* verbindet das Konzept „Rhythmik - Bewegung - Musik" von Jacques-Dalcroze mit der Heilpädagogik von Hanselmann und Moor. (Klein 2012, S. 110, Klein 2015, S. 84 und S. 155)

Der Arzt Johannes Neikes nennt die Scheiblauer-Rhythmik orthagogisch (aufrichtend, gerade richtend) und heilpädagogisch; wie wir konnte er

Mimi Scheiblauer und ihre praktische Arbeit persönlich kennenlernen: Wir erlebten das Grundprinzip einer elementaren Bildungsweise zur entwicklungsstimmigen Bildbarkeit bei Gesunden und bei jeglicher Störung, Retardierung und Behinderung, frei von Schablone und Prinzipienreiterei. (Klein 2018a, S. 28 ff.)

Jeder Mensch kann durch seine persönliche Willenskraft den ihm eigenen Rhythmus finden und seine individuelle Bewegungsfähigkeit weiterentwickeln. Rhythmische Bewegung des Körpers vermittelt zwischen Innen- und Außenwelt und steht in enger Beziehung zu Musik, bildnerisch-gestalterischen Fähigkeiten und Sprache. *Scheiblauer-Rhythmik ist ein Gestaltungsprinzip der Erziehung aller Kinder. Sie ermöglicht das Aneignen der gegenständlichen Welt und kann in allen Praxisfeldern und Bildungsbereichen eingesetzt werden.*

Auch der *Feldenkrais-Methode* liegt das Prinzip einer individuell rhythmischen Willenskraft zugrunde. Bei „funktionaler Integration" sind die eigenen Bewegungen nach einem bestimmten Plan bewusst zu üben und zu kontrollieren. Will der Mensch wirklich Mensch sein, so der israelische Physiker, Neurophysiologe und -psychologe Moshé Feldenkrais, muss er sich seines Lebens und seiner Bewegungsfunktionen mit „Bewusstheit" innewerden, damit eine sich selbst regulierende Nervenkoordination entsteht. (Feldenkrais 1996)

5.2.3.3 Chronobiologische Zusammenhänge

Medizinisch-naturwissenschaftlich orientierte Rhythmusforschung (Chronobiologie) analysiert vor allem die Zeitstrukturen von Lebensvorgängen. Leben ist immer mit Rhythmen verbunden, diese können Einsichten in körperliche und seelische Vorgänge vermitteln. Ihre Dauer umfasst ein breites Spektrum, von Millisekunden bis zu Jahren, von langsamen, umweltbezogenen (Tag-Nacht-Wechsel, Wochen, Monate, Jahre) bis zu schnellen, autonomen Rhythmen (Herz, Atmung, Nervensystem und Sinnesorgane, Stoffwechselvorgänge). Rhythmen beginnen schon vor der Geburt, haben eine individuell unterschiedliche Entwicklung und werden dabei durch Umwelteinflüsse modifiziert. Bekannt ist die prägende Wirkung der zeitlich verlässlichen Pflege bei Neugeborenen oder die Fähigkeit von Kindern, beim Schlafen eigene Rhythmen zu entwickeln, wobei stets eine ausgeprägte individuelle Variabilität vorkommt.

Von pädagogischem Interesse sind verschiedene autonome Rhythmen, die beim Üben, Spielen und Lernen – dem individuellen Bedürfnis des Kindes folgend – einbezogen werden. Es entspricht nicht der rhythmisch-periodischen Struktur des Kindes, wenn eine Stunde nur kognitiv, nur sprachlich oder nur bewegungsmäßig gestaltet wird. Beachtet der therapeutische Erzieher dagegen individuelle rhythmisch-periodische Vorgänge, kann das Kind seine Orientierung erweitern und festigen: Kehren bestimmte Ereignisse und Tätigkeiten, Übungen und Spiele zu bestimmten Zeiten wieder, bilden sich feste Gewohnheiten. Sie geben äußere und innere Sicherheit.

Rhythmus gliedert Ereignisse in Zeit und Raum, strukturiert die Tages-, Wochen-, Monats- und Jahresgestaltung, erleichtert das Lernen, macht Inhalte zugänglich und hilft, den Lebensalltag zu bewältigen.

Die rhythmischen Grundmuster, nach denen wir offensichtlich leben, lassen auch übergeordnete Rhythmen entstehen, so in der Menschheitsgeschichte, im persönlichen Lebensschicksal, im Wirtschaftsleben, in Kunst, Musik, Schrift oder Sprache. Rhythmus kann für das Erziehungsbemühen ein mehrsinniges, multisensorisches Medium sein:

- *Rhythmus ist auditiv wahrnehmbar*: Jemand tritt in gleichen oder unterschiedlichen Abständen auf den Boden. Diese Aktion hört sowohl er selbst als auch ein anderer.
- *Rhythmus ist außerdem kinästhetisch wahrnehmbar:* Derjenige, der einen Rhythmus auf den Boden tritt, nimmt parallel dazu seine Beinbewegung wahr.
- *Rhythmus ist zudem über die Haut wahrnehmbar:* Derjenige, der einen Rhythmus auf den Boden tritt und dabei seine Schlagbewegungen wahrnimmt, spürt außerdem den Moment des Kontaktes zwischen seinem Fuß und dem Boden im Augenblick des Auftretens.
- *Rhythmus ist überdies visuell wahrnehmbar:* Derjenige, der einen Rhythmus mit seinen Füßen auf den Boden tritt, ist von einem anderen nicht nur hörbar, sondern auch in seinem Tun sichtbar. Geschieht der Rhythmus im Verlauf einer Fortbewegung, z. B. beim Gehen, bleiben die Fußspuren als Abbild des Rhythmus sichtbar. (Klein 2015, S. 152 ff.)

Rhythmus wird auf verschiedenen Sinnesebenen gleichzeitig wahrgenommen. Für die therapeutische Erziehung sind folgende Eigenschaften bedeutsam:

- Rhythmus ist ein Strukturelement von Verläufen in Zeit und Raum.

- Rhythmus ist ein multisensorielles Medium, das mit unterschiedlichen Sinnen wahrgenommen wird: hören, bewegen, berühren, sehen.
- Rhythmus ist ein intersensorielles Medium, das mit unterschiedlichen Sinnen gleichzeitig wahrgenommen wird.

Bereits Goethe hat besonders in seinen naturwissenschaftlichen Forschungen intuitiv erkannt, dass Rhythmus als Kraft in allen Lebensvorgängen wirkt, intensives Selbsterleben sowie Erleben der Umgebung ermöglicht, dem Menschen Sicherheit und Orientierung gibt. Rhythmus kann das Leben des Menschen in seiner Ganzheit ansprechen, aber auch eine wichtige Brücke zu Natur und Mitmensch werden.

Rhythmische Gestaltung der zeitlichen Abläufe, Strukturierung des Lebens, Übens, Spielens und Lernens bedeutet keinesfalls ein mechanisches Wiederholen, sondern ist freies, schöpferisches und eigenverantwortliches Selbstgestalten im individuellen (Lebens)Rhythmus. So können beim Kind stabile und Halt gebende Gewohnheiten entstehen.

5.2.3.4 Praxis der rhythmischen Erziehung

Waldorfkindergarten Föhrenbühl

Die Heilpädagogin Gabriele Scholz berichtet über langjährige Erfahrungen in einem integrativen Kindergarten einer Camphill-Schulgemeinschaft. Das Kind werde hier als leiblich-seelisch-geistige Einheit gesehen und das Lebensfeld „Kindergarten" so gestaltet, dass es den Möglichkeiten und Bedürfnissen jedes Kindes entspreche. Der Tages-, Wochen- und Jahreslauf biete viele Erlebnisse und Erfahrungen sowie Anregung für Alltagshandlungen, die von der Erzieherin aufmerksam begleitet, unterstützt und mit vollzogen würden.

„Wie bei allen rhythmischen Vorgängen, spielen im Kindergartengeschehen die zeitlich gegliederten, sich wiederholenden Abläufe die zentrale Rolle. Um einen lebendigen, gesunden Organismus aufzubauen, braucht das kleine Kind von allem Anfang an einen seine natürlichen Lernprozesse unterstützenden, gegliederten Tageslauf, in dem sich Schlafen und Wachen, Nahrungsaufnahme, Phasen der Bewegung und Phasen der Zuwendung mit solchen der Ruhe sinnvoll und regelmäßig abwechseln und aufeinander abgestimmt sind". (Scholz. zit. n. Klein 2015, S. 155)

Aus dem täglichen Erleben und Gestalten können sich nach und nach individuelle Gewohnheiten ausbilden und Teil der kindlichen Persönlichkeit werden. Der Alltag gibt zahllose Gelegenheiten zu schöpferischem (Ein) Üben weiterer Erfahrungen. Wie stark dies die Persönlichkeit beeinflusst, zeigt sich beim Versuch, die eine oder andere unangenehme Gewohnheit wieder loszuwerden:

„Nun liegt es im Trend der Zeit, dass man sich als Erwachsener nicht mehr vorstellen kann, dass ein Kind von einem Märchen nicht genug bekommen kann, am liebsten immer wieder dasselbe spielt (eine Zeitlang), und hoch erfreut ist, wenn ein einmal so oder so erlebtes Fest wieder so begangen wird. Gerade aber diese Wiederholungen bilden die Grundlage für Gedächtnis, Konzentrationsfähigkeit, Durchhaltevermögen, Verbindlichkeit und Verantwortlichkeit den Dingen gegenüber und auch die Fähigkeit, eingegangene Beziehungen durchzutragen". (ebd., S. 156)

Rhythmische Übungen haben einen tiefen symbolischen Gehalt, bilden stabile Gewohnheiten und verhindern das Abgleiten in Routine. Folgende didaktisch-methodische Gesichtspunkte sollten deshalb bei der therapeutischen Erziehung bedacht werden:

- Was sind immer wiederkehrende, sich in gleicher oder ähnlicher Weise wiederholende Erlebnisse?
- Was ändert sich inhaltlich, bleibt aber als Prinzip an derselben Stelle des Tagesablaufes?
- Was sind besondere, sich wiederholende Wochenereignisse?
- Was sind besondere, einmalige, aber vorhersehbare Ereignisse?

Rhythmisch-musikalische Erziehung nach Mimi-Scheiblauer

Sechs Gruppen von Übungen

In der Praxis können sechs Gruppen von Übungen unterschieden werden:

- *Konzentrationsübungen* (Ausbilden der Kräfte der inneren Ruhe und Sammlung, der Aufmerksamkeit)
- *sensomotorische Übungen* (Ausbilden und Trainieren des taktilen, akustischen, visuellen und kinästhetischen Sinnes)
- *soziale Übungen* (Ermöglichen und Üben des Ein-, Über- und Unterordnens)
- *Fantasie- oder Improvisationsübungen* (freie oder an Gegenstände und Vorstellungen gebundene Übungen)
- *Begriffsbildungsübungen* (nach dem Grundsatz: vom Erleben zum Erkennen zum Benennen)
- *Ordnungsübungen*

Mimi Scheiblauer schenkt Ordnungsübungen besondere Aufmerksamkeit:

- Ordnungsübungen im freien Raum
- Ordnungsübungen im begrenzten Raum
- Ordnung in den Dingen
- Ordnung in uns selbst
- Ordnung in der Sprache

Zu den Ordnungsübungen gehören beispielsweise

- das freie Gehen im Raum (mit und ohne Scheiblauer-Material),
- das Gehen mit einem konkaven Holzstab und darauf balancierender Holzkugel,
- das Gehen nach einem bestimmten Rhythmus oder nach den lauten beziehungsweise leisen Klängen von Musik, Tamburin oder Holzstäben und das
- freie Gehen im Raum im selbst gewählten Rhythmus.[6]

Grundlegende Handlungsweisen am Beispiel der Ordnungsübungen

„Wir können den Menschen durch die Bewegung erziehen. Erziehen heißt: ihn fähig machen, um unterbrechen, umschalten, durchhalten zu können." (Scheiblauer, zit. n. Klein 2012, S. 154)

Die drei Handlungsweisen – unterbrechen, umschalten, durchhalten – treten bei allen rhythmisch-musikalischen Übungen in verschiedenen Variationen hervor. Sie fordern die Sinne, das Denken, Fühlen und Wollen, das Kind kann folgende Grundfähigkeiten üben:

- *Unterbrechen-Können*, um zu sehen, zu hören, zu fühlen, zu spüren, zu riechen,
- *Umschalten-Können*, um sich auf neue Situationen und Anforderungen um- und einzustellen,
- *Durchhalten-Können*, um sich für ein Vorhaben mit Ausdauer einzusetzen.

Diese grundlegenden Übungen gehören in die Gruppe der Ordnungsübungen. Sie werden immer in der Gruppe ausgeführt.

---

6 In gleicher Weise wie die Heilpädagogen Hanselmann und Moor nahm Ferdinand Klein an diesen rhythmisch-musikalischen Übungen aktiv teil, die Mimi Scheiblauer in der Erlanger Lebenshilfe durchführte (Klein 2015, S. 84 und Klein 2018, S. 30). Ich konnte die prägende Wirkung dieser heilpädagogisch-therapeutischen Übungen an mir selbst erfahren (erleben) – und an die Kinder weitergeben.

Hier spielen die Beziehungen zum anderen Menschen eine Rolle, sie können auch als soziale Übungen verstanden werden:[7]

- sich in die Gruppe einfügen,
- auf den anderen Rücksicht nehmen,
- den anderen führen können und
- sich vom anderen führen lassen.

Die Übungen *Unterbrechen-Können* schulen die Beherrschung der Motorik. Sie sind für den Alltag bedeutsam (z. B. im Straßenverkehr) und haben noch einen weiteren Sinn: Wenn das Kind unterbricht und aufhört, wird es bereit, aufmerksam zu schauen und auf das zu hören, was ein anderer sagt. Die Übungen *Umschalten-Können* sind für das praktische Leben wichtig, wenn es darum geht, von einer Tätigkeit zur anderen zu wechseln. Dazu benötigt das Kind geistige und körperliche Beweglichkeit. Diese Elastizität ist auch Voraussetzung dafür, dass der eine versteht, was der andere meint. Autistischen, verhaltensauffälligen und schwerhörigen Kindern fällt das Umschalten besonders schwer. Die Übungen *Durchhalten-Können* sind ebenfalls für das Leben bedeutsam. Das Kind lernt einen Plan oder ein Vorhaben durchzuführen und etwas Angefangenes zu vollenden. Es lernt Ausdauer.

Beispiele

Ordnungsübungen im freien Raum

Die Kinder gehen im Raum in verschiedene Richtungen mit selbst bestimmtem Tempo. Es gibt nur eine einzige Aufgabe: Nicht anstoßen! Schon diese einfache Übung zeigt, wie die Kinder gehen (z. B. sich kaum bewegen, schnell gehen, absichtlich anstoßen, sich geschickt durchschlängeln, anderen aus dem Weg gehen, sich außerhalb der Gruppe bewegen). Die Übung kann ausgebaut werden: Das Gehen nach dem hohen oder tiefen, nach dem kurzen oder langen, nach dem lauten oder leisen Ton auf der Flöte: das Tempo beschleunigen oder verlangsamen, anhalten, wieder weitergehen, mit weit ausgebreiteten Armen wie ein Segelflugzeug, dahinschweben – und nicht anstoßen! – Nun wird jedem Kind eine Holzkugel gegeben. Die Kugel soll am Boden mit der Hand gerollt werden: Jedes Kind rollt sie im Raum vor sich her und hat auf die Ordnung (vereinbarte Regel) zu achten: die Kugel allein vor sich her rollen und nicht anstoßen! – Die Übung kann zu Partnerübungen und zu Übungen in Kleingruppen erweitert werden.

---

7 Siehe Fußnote 6

Ordnung in den Dingen

- Einen Reifen drehen: Schauen und hinhören, wann er fest am Boden liegt. Die Übung wiederholen und in den sich noch bewegenden Reifen hüpfen. Einzel- oder Partnerübungen.
- Im liegenden Reifen bunte Holzkugeln rollen: Nach dem Signal (Ton) zuerst eine rote Kugel rollen; der Kugel zuhören, bis sie wieder stillsteht. Dann nacheinander eine rote und eine blaue Kugel rollen; den Kugeln zuhören, bis sie wieder stillstehen. Einzel- und Partnerübungen.
- Wie können wir das Kissen im Raum tragen? Zum Beispiel: Ein Kissen auf dem Rücken durch den/die Reifen transportieren und dabei nicht anstoßen.

Das Kind bei den Übungen beobachten

Für Scheiblauer sind die Übungen ein wichtiges diagnostisches Mittel; denn jeder Mensch „verrät sich in der Bewegung". So sehen wir, dass das Gleichgewicht fehlt, die Koordination der Bewegung gestört ist, dass die Beherrschung des Bewegungsablaufes nicht vorhanden ist, dass die Bewegungen nicht unterbrochen, nicht umgeschaltet, nicht durchgehalten werden können.

Fazit

Die rhythmisch-musikalischen Übungen wirken auf das einzelne Kind in seiner Ganzheit. So lässt sich zum Beispiel keine Übung zur Begriffsbildung (Ton auf der Flöte spielen und danach mit den Händen die Begriffe „kurz" oder „lang" zeigen beziehungsweise einen Begriff „leise" oder „laut" sprechen) vorstellen, bei der nicht auch Konzentration, Aufmerksamkeit, Fantasie, Improvisation, Sensomotorik und Sozialverhalten mitgeübt werden. Gleichwohl ist aus methodischen Gründen die Hervorhebung der einzelnen Übungen, bezogen auf die individuellen Ressourcen und Fähigkeiten, Stärken und Schwächen des Kindes, sinnvoll.

5.2.3.5 Heilpädagogische Hilfe für Gisela

Eine Mutter schrieb uns folgenden Brief:

„Unsere Tochter Gisela wurde mit einer Rötelnembryopathie geboren. Sie hat einen Herzfehler, der sie nicht behindert. Sie hatte auf beiden Augen grauen Star, der im ersten Lebensjahr mehrmalig operiert wurde, sodass sie heute als hochgradig sehgeschädigt gilt. Dazu kommt eine mittelgradige Schwerhörig-

keit, die sich in den höheren Frequenzen auswirkt, dadurch lernte sie bis heute nicht sprechen.

Wir Eltern suchten von vornherein Kontakt und Erfahrungsaustausch mit Eltern blinder Kinder und der Landesblindenanstalt. Ein Lehrer besuchte uns [...] und hielt in der Blindenschule Elterntage ab. Als aber der Hörschaden unseres Kindes festgestellt und uns Eltern klar wurde, dass die doppelte Behinderung seine Informationsmöglichkeiten und seine seelisch-geistige Entwicklung stark erschweren würde, hielten wir Ausschau nach Menschen, die Erfahrungen hatten mit Sorgenkindern gleicher bzw. ähnlicher Art.

Unsere Bemühungen waren jedoch ein Jahr lang vergeblich, bis wir [...] einen Taubblindenlehrer fanden, der uns wertvolle Hinweise geben konnte; aber die Möglichkeit zu einem regelmäßigen Kontakt fehlte.

Inzwischen hatte für Gisela ein Sprachunterricht begonnen (mit 2½ Jahren), der auf der Grundlage des Nachahmens von Lauten durchgeführt wurde. In 1½-jährigem Bemühen gelang es nicht, Gisela ein einziges Mal zu einer klaren Nachahmung zu bringen, obwohl sie viele Laute produzieren konnte.

Auch die Beschäftigungstherapie, die wir für Gisela ausfindig machten, brachte keinen Erfolg und sprach unser Kind nicht an. Hier wurde mit der Methode des Übens an immer wiederkehrendem Material gearbeitet. Die Therapeutin vermutete eine Sensibilitätsstörung in den Händen, weil Gisela ihre Hände kaum benutzte und mehr mit den Füßen arbeitete.

Alle Bemühungen ließen bei allen Beteiligten das unbefriedigende Gefühl zurück, dass unser Kind eben nicht mit Mitteln anzusprechen ist, auf die andere Kinder reagieren. So kamen wir zur Frühbetreuung [...].

Gisela war inzwischen 3 ¾ Jahre alt und befand sich in ihrer geistigen Entwicklung – obwohl sie längst sicher lief und recht gut gelernt hatte, sich in ihrer Umwelt zu orientieren – in der zweiten Hälfte des ersten Lebensjahres. Sie war mit Musik zu erfreuen, konnte eine Spieluhr an dem Faden aufziehen, patschte mit ihren Händen auf das Klavier, konnte einen Löffel halten, aber noch nicht selbstständig essen, ertastete mit den Händen Gegenstände, wobei ihre Zunge kräftig half, strampelte mit Vergnügen im Wasser, hüpfte auf einer Stelle und erzeugte viel Krach, indem sie sich auf den Boden legte und auf Türen oder Möbel trampelte. Gegenstände irgendwie sinnvoll zu benutzen, verstand sie noch nicht.

Mit der Frühbetreuung kam ein Wandel in die Art des Versuchs, Gisela zu fördern und damit auch in unsere Unsicherheit und Hilflosigkeit. Gleich in der ersten Stunde lernte ich zweierlei. Bisher war unser Kind überfordert worden. Die Betreuerin stellte fest: Ich traue dem Kind zu viel zu, es ist völlig gesperrt und ablehnend. Es macht den Eindruck, als ob es überfordert worden wäre.

Als zweites lernte ich den Namen Mimi Scheiblauer kennen und damit die Methode, die in der nun einsetzenden Entwicklung von Gisela eine so große Rolle spielte. Zum ersten Mal in einer Betreuungsstunde durfte Gisela das tun, wozu ihr Spielgegenstände und Spielsituationen Anreiz waren. Es gab keine Anspruchshaltung der Betreuerin, keine Aufgabe, die gestellt wurde und erfüllt werden sollte. Die Stunden bewegten sich auf dem Entwicklungsniveau unseres Kindes, das die Freiheit hatte, so oder anders oder gar nicht zu reagieren. Es gab keinen Zwang. Jede Stunde gab dazu Gelegenheit, anderes Material kennenzulernen und Gleiches oder Verschiedenes mit ihm zu tun.

In dieser ganz anders gearteten pädagogischen Situation begann unser bisher jeder Beeinflussung unzugängliches Kind selbst Ansätze zu eigener Initiative zu entfalten. Es lernte horchen, sich auf eine Sache zu konzentrieren, selbst die Gegenstände und ihre Funktion zu erforschen. Wir freuten uns an dieser Stufe seiner Beteiligung, und anstelle des hilflosen Feststellens, was Gisela nicht konnte und wozu sie nicht bereit war, trat die gemeinsame Entdeckung, dass sie Interesse und Ausdauer, Willensanstrengung und Fantasie entfalten kann und auch nachdenkt.

An dem Beispiel des Umgehens und Spielens mit Klötzen möchte ich Giselas Fortschritte in einem Betreuungsjahr versuchen zu schildern, wie ich es als Mutter beobachtete: Zu dem Scheiblauerschen Spielmaterial gehören große Bausteine, die Gisela immer wieder mal angeboten wurden. Als die Frühbetreuung begann, waren Bauklötze für Gisela nur Dinge, die man um sich wirft. In einer der ersten Spielstunden stellten wir vier Bausteine hochkant verstreut im Raum auf. Gisela wurde durch das Singen ihres Namens aufmerksam gemacht. Sie entschloss sich aufzustehen und warf nacheinander die Klötze um und ging wieder in ihre Ecke zurück. Dieses Spiel wiederholte sich nun, aber die Klötze wurden nun etwas geordneter aufgestellt und das Umwerfen mit einem ‚Plumps' begleitet und später mit einem zusätzlichen leisen Schlag auf dem Tamburin. Innerhalb weniger Minuten war aus dem einfachen Umstoßen der Klötze eine schon etwas geordnete Tätigkeit geworden.

Gisela ist nun auch bereit, auf einer aus Bausteinen gelegten Straße zu gehen, zunächst mit Hilfe, dann auch frei im Zusammenspiel mit anderen Kindern, ohne die Straße zu zerstören. Sie klettert auch auf eine aus Holzwürfeln gebaute Treppe mit Hilfe und springt herunter. Besonders erstaunlich empfand ich als Mutter Giselas Bereitschaft, sich anzupassen und eine gegebene Ordnung zu respektieren, als sie an der Hand der Betreuerin zu einer Melodie im Raum herumging, in dem die Klötze verstreut als Hindernisse aufgestellt waren. Obwohl sie vorher meist Spiele gespielt hatte, bei denen die Steine umgeworfen wurden, ließ sie sie jetzt stehen und enthielt sich der Verlockung, sie umzustoßen.

Für mich als Mutter ist die Entwicklung, die bei Gisela in einem Betreuungsjahr stattfand, ganz deutlich, und ich habe erkannt, dass nicht die schwerwiegende doppelte Sinnesbehinderung meines Kindes ein Hindernis in der Förderung ist, wenn man eine solche Methode wie die musikalisch-rhythmische Erziehung nach Mimi Scheiblauer anzuwenden versteht."

5.2.3.6 Bewegung, Rhythmik und Spiel

Bei Gisela hat die pädagogische Fachkraft folgende vier Grundelemente beachtet, die sowohl die Bewegung als auch das Rhythmisch-Musikalische kennzeichnen:

- Zeit,
- Kraft,
- Klang und Form.

Jedes Element hat eine besondere erzieherische Bedeutung:

- Mit dem *Zeitlichen* in der Musik, die als eine in Töne umgesetzte Bewegung gesehen wird, wird das motorische System geschult.
- Mit dem *Dynamischen* werden die Ausdruckskräfte, also das Schöpferische angeregt.
- Der *Klang* wirkt auf das Seelische und Emotionale.
- *Die Form* ordnet und gestaltet das Geistige im Menschen.

Die Elemente Zeit, Kraft und Form sind in den Bewegungen zu finden.

Sie werden im Medium der Musik und in den spielerisch gestalteten Bewegungen wirksam. Sie stehen nicht isoliert nebeneinander, sondern zueinander in einem Wechselwirkungsverhältnis.

Gisela reagierte auf fordernde Trainingsmaßnahmen mit Abwehr, Rückzug und Untätigkeit, weil ihr Wille, von sich aus zu spielen und zu handeln, nicht beachtet wurde. Erst durch die rhythmische Erziehung fand sie zu sich selbst und lernte, sich aus eigenem Impuls zu bewegen. Nun konnte Gisela sich aus eigener Kraft entwickeln, äußerte Gefühle, nahm wahr, verbesserte, erfand, probierte, verglich, ahmte nach, erinnerte sich, stellte Beziehungen her, erweiterte Vorstellungen, knüpfte Kontakte und machte sich frei von Belastendem.

Die Spiel- und Lernerfolge ermutigten das Kind, weckten Neugierde und erhöhten die Bereitschaft zu weiteren Aktivitäten. Gisela konnte von sich aus auf die angebotenen Gegenstände zugehen, diese verändern und gestalten, Bekanntes in ähnlichen oder neuen Situationen wiederentdecken.

Die Erzieherin schuf für Gisela einen (Erziehungs)Raum, in dem sie durch ihre situationsorientierte Haltung zuallererst dem Kind die Möglichkeit gab, sich von sich aus zu äußern. Gisela konnte mithilfe der

Scheiblauer-Methode

- Eigenrhythmus entwickeln,
- ihren blockierten Antrieb überwinden und
- Störungen im emotionalen und Willensbereich ausgleichen.

Hat ein Kind eine beeinträchtigte Spielfähigkeit, dann muss der mitspielende Erwachsene zum „Spielführer" werden und insbesondere durch Anregen, Eingreifen, Hervorlocken oder Begrenzen versuchen, die Spielhandlung geduldig einzuüben. Dadurch kann das Kind (wieder) Vertrauen in seine eigenen Kräfte entwickeln und aus eigenem Antrieb aktiv werden.

Bei der rhythmischen Spiel- und Bewegungserziehung sind folgende Gesichtspunkte zu beachten:

- Ein Kind ist dort anzusprechen, wo es Entwicklungsmöglichkeiten zeigt oder erwarten lässt.
- Erfolgserlebnisse in der Gruppe erzeugen Freude, ermutigen und steigern das Selbstvertrauen.
- Beim Spiel können sich alle Partner als gleichwertig erleben lernen. Daraus erwächst gegenseitige Anerkennung und Hilfe – ohne Mitleid.
- Gemeinsame Freude über einen Spielerfolg ist die beste Lernkontrolle und kann das Planen des nächsten Vorhabens erleichtern.
- Erzieher lernen, das Mögliche anzustreben und nicht das Unmögliche zu fordern.

5.3 Therapeutische Erziehung nach dem „Situationsorientierten Ansatz“ von Armin Krenz [8]

„Ich glaube daran, dass das größte Geschenk,
das ich von jemandem empfangen kann, ist,
gesehen, gehört, verstanden und berührt zu werden.
Das größte Geschenk, das ich geben kann, ist,
den anderen zu sehen, zu hören, zu verstehen und zu berühren.
Wenn dies geschieht, entsteht Kontakt.“
(Virginia Satir, Psycho- und Familientherapeutin; Satir 2007, S. 120)

5.3.1 Zur Aktualität des „Situationsorientierten Ansatzes“ (S. o. A.)

Der „Situationsorientierte Ansatz“ wurde von dem Kindheitspädagogen Armin Krenz (mit Zulassung zu heilkundlich, psychologisch-therapeutischer Tätigkeit) im Rahmen seiner Tätigkeit am „Institut für angewandte Psychologie und Pädagogik“ in Kiel erarbeitet und hat sich in den vergangenen 30 Jahren als ein viel beachteter Ansatz in Deutschland und dem europäischen Ausland (hier vor allem in Süddänemark, im deutschsprachigen Norditalien sowie in Österreich) in vielen Kindertageseinrichtungen etabliert. Er orientiert sich an den jeweils aktuellen und für die Praxis relevanten Ergebnissen und Erkenntnissen der Sozialtherapie, Entwicklungspsychologie sowie Bildungs- und Bindungsforschung, der UN-Charta „Rechte des Kindes“ sowie dem tief verwurzelten Humanismus in der Korczak-Pädagogik.

Ziel des S. o. A. ist es, die Selbst-, Sach-, und Sozialkompetenz von Kindern auf- und auszubauen, um bei ihnen möglichst viele Ressourcen zu entdecken, aufzugreifen und eine Entwicklung in allen Entwicklungsfeldern möglich zu machen, so wie uns dies in Pestalozzis Elementarbildung und im Gesundheitsbegriff begegnet. (Krenz 1996)

Praktisch bedeutet dies, die Selbstständigkeit der Kinder, ihre Autonomie und ihr soziales Verhalten auf der Grundlage eines werteorientierten Verhaltens zu aktivieren und weiterzuentwickeln, das die drei gesundheitsför-

8 Armin Krenz besten Dank für seine Ergänzung des Textes.

dernden Prinzipien – Salutogenese, Logotherapie und Rhythmik – im Geiste von Korczaks „Pädagogik der Achtung" pflegt. (Klein 2018a, S. 62 ff.)

Der S. o. A. berücksichtigt also die biologischen, sozialkulturellen und psychologisch bedeutsamen Lebensbedingungen von Kindern und ihrer Eltern. Er basiert auf einem ganzheitlichen Menschenbild, das die Entwicklung aller Personen, die in den Entwicklungsprozess eines Kindes einbezogen sind, in den Mittelpunkt rückt. Dabei geht der Ansatz von folgender Grundsatzfrage aus:

Welche entwicklungsförderlichen Bedingungen brauchen Kinder und ihre Familien (heute), um eigene, vorhandene Ressourcen auf- und auszubauen?

Dieser kindorientierte Ansatz

- versteht Krippe und Kita als einen sehr bedeutsamen persönlichkeitsprägenden Lebens- und Wirkungsraum des Kindes,
- hat einen eigenständigen kindorientierten Erziehungs-, Bildungs- und Betreuungsauftrag im Unterschied und in Abgrenzung zur Schulpädagogik (entsprechend dem Kinder- und Jugendhilfegesetz, KJHG, 8. Band, 2. Hlb. sowie den Kindertagesstättengesetzen der Bundesländer),
- beachtet kulturelle Wertearten sowie religiöse Erfahrungen und
- geht von einer ganzheitlichen Unterstützung der Handlungs-, Bildungs-, Leistungs- und Lernfähigkeit von Kindern aus. (Krenz 1992, 2007a, 2010a, 2014a, Klein 2018a, S. 104)

Der *Erziehungs- und Bildungsauftrag* besteht darin, dafür zu sorgen, dass Kinder eine allumfassende, lebendige und vielfältige, die Neugierde unterstützende Erfahrungswelt kennen lernen können, damit sie in der Lage sind, ihre individuelle Identität zu erfahren und zu begreifen, weiterzuentwickeln und auszubauen. Auf diese Weise erwerben Kinder alle notwendigen Kompetenzen, um gegenwärtige und künftige Lebenssituationen weitgehend autonom zu gestalten.

Der *Betreuungsauftrag* besteht darin, Kindern und Jugendlichen treu zu sein. Das geschieht durch den Auf- und Ausbau fester, verlässlicher Beziehungen zu ihnen und deren wertschätzende Pflege. Durch erlebte Beziehungsqualitäten können Kinder ein Gefühl der Sicherheit bekommen, eine Grundlage für alle bedeutsamen bio-psycho-sozialen Entwicklungsprozesse im Menschen. (Krenz 1991/2004)

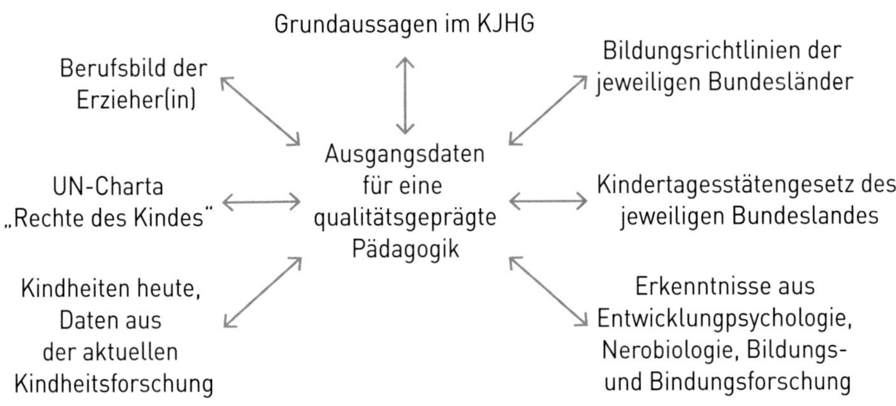

Fazit

Im elementarpädagogischen Erziehungs-, Bildungs- und Betreuungsraum soll sich jedes Kind wohlfühlen und nach seinen Potenzialen gemeinsam mit anderen Kindern und den Erziehern entwickeln. Er beachtet sieben verbindliche Eckwerte (Mitteilung von Armin Krenz an die Verfasser):

Daraus ergeben sich Konsequenzen für die Praxis

- Das humanistische Menschenbild prägt nicht nur die gesamte pädagogische Arbeit, sondern verlangt auch von den originär therapeutisch tätigen Erziehern (wohlgemerkt: an dieser Stelle ist nicht vom „psychotherapeutisch" tätigen Erzieher die Rede) eine stets reflektierte Selbstbildung und eigene Persönlichkeitsentwicklung. (Krenz 1983a, 1986 und 1990) Getreu dem Motto: Das Prinzip des lebenslangen Lernens gilt zu allererst für die eigene Person, zumal Authentizität den wichtigsten Bildungsimpuls für Kinder bildet.
- Der Stellenwert der Eltern, die im Sinne einer entscheidenden Mitverantwortung für die Entwicklung ihrer Kinder in die pädagogische Arbeit einbezogen werden, wird hoch eingestuft. Daher kommt der Elternbildung, Elternberatung und einer kommunikationsfreundlichen Zusammenarbeit große Bedeutung zu.

- Konstruktive, kollegiale und interdisziplinäre Zusammenarbeit ist entscheidend, um Kindern in allen Belangen ein gutes Vorbild zu sein und gleichzeitig für eine entwicklungsförderliche Innenqualität zu sorgen. (Krenz 1984, 2013a)
- Der didaktische Aufbau von Projekten wird als Garant gegen eine Zufallsdidaktik oder eine so genannte „Spaßpädagogik" angesehen. Im S.o.A. geht es nicht darum, „was Kinder wollen", sondern vielmehr darum, „was Kinder für eine seelisch gesunde Entwicklung brauchen". (Krenz 2010a)
- Ebenso wird im S.o.A. eine „laisser-faire"-Pädagogik abgelehnt. Ein demokratischer Erziehungsstil steht im Mittelpunkt, in dem „Partizipation" (Beteiligung der Kinder) groß geschrieben wird. Das zeigt sich beispielsweise in der regelmäßigen Durchführung von Kinderkonferenzen und durch die alltägliche Umgangskultur.
- Qualitätsansprüche im Sinne einer überprüfbaren und transparenten Arbeit bestimmen die Arbeit, so dass nicht „jeder machen kann, was er will". In diesem Zusammenhang sei darauf hingewiesen, dass vom Entwickler des S.o.A. auch ein „Qualitätsinstrumentarium" erstellt wurde. (Krenz 2001a, 2013a) Es wird in ganz Deutschland und in einigen Nachbarländern viel beachtet und genutzt.
- Die Abgrenzung von öffentlichen und modernistischen Erwartungen basiert auf einem klaren pädagogischen Grundverständnis: „Kinder sind keine Experimentiermäuse!"
- Das Bildungsverständnis (Bildung aus „erster Hand") legt nahe, im S.o.A. keine gezielten „Förderprogramme" künstlich zu initiieren. Stattdessen geht es im Alltagsgeschehen um ein „concomitant learning" – ein „Lernen nebenbei", das aus bildungswissenschaftlicher und sozialpädiatrischer Sicht weitaus effektiver ist, als ein defizitorientierter Ansatz.
(Krenz 2006a, 2011a; Klein 2015)

5.3.2 Der „Situationsorientierte Ansatz“ beachtet die Klassiker der Elementarpädagogik

Der „Situationsorientierte Ansatz“ geht ganz im Sinne von *Friedrich Fröbel*, dem Begründer des Kindergartens, davon aus, dass der Lebensort Kita ein bedeutsamer Spiel- und Erfahrungsraum des Kindes ist, in dem es mit Freude, Engagement und Anstrengungsbereitschaft

- in Lebens- und Sinnzusammenhängen tätig sein,
- seine individuellen Erfahrungen machen und
- mit sich alleine, mit anderen Kindern und bindungsorientierten Erwachsenen leben, spielen und lernen kann.

Der Ansatz lehnt die altersgleiche Gruppe und einen vorher fest programmierten Tagesablauf ebenso ab wie „offene Gruppen“ und die Ausgrenzung von Kindern mit besonderen Entwicklungsproblemen oder Behinderungen. Er ermöglicht jedem Kind grundlegende soziale Erfahrungen, die sich auf die emotionale und die kognitive Entwicklung nachhaltig positiv auswirken; dies wurde in zahlreichen Forschungsprojekten bestätigt.
(Klein 2015, S.122 f.)

Beim S.o.A. kann jedes Kind im Sinne der *Montessori-Pädagogik* Akteur der eigenen Entwicklung sein, Können, Fühlen und Wollen, Stärken, Fähigkeiten, Fertigkeiten und liebenswerte Eigenschaften in den gemeinsamen Prozess des Spielens und Lernens einbringen und dadurch die eigene Entwicklung und die anderer Kinder sowie der Erwachsenen bereichern. (Krenz 2006b, 2008a, 2009a; 2009b, 2014b) Bei dieser inklusiven und normalisierenden Praxis tritt das – oft befürchtete – allein physische Zusammensein gar nicht auf. (Klein 2015, S.129 f.)

Der S.o.A. baut also auf grundlegende Einsichten von Klassikern der Elementarpädagogik – Friedrich Fröbel und Maria Montessori – auf, bindet aber auch aktuelle Erkenntnisse der Neurobiologie, Entwicklungs- und Sozialpsychologie zu Personqualität und Qualitätsmanagement in eine ganzheitliche Erziehungs- und Bildungskonzeption ein.

5.3.3 Ansprüche an die Persönlichkeit und Fachkompetenz des therapeutischen Erziehers

Beim S.o.A. stehen nicht Techniken und Methoden der Einflussnahme im Vordergrund, sondern die Persönlichkeit der pädagogischen Fachkraft (Krenz 2013a; Klein 2018a, S.18), ihre

- *Emotionalität* (Fühlen, Einfühlen, Empathie),
- *Kognition* (Denken, Vorstellen, Wissen, Visionen, Verstehen, Wahrnehmungsoffenheit, Wahrnehmungsdifferenzierung),
- *Handlungskompetenz* (orientiert an den Lern-, Entwicklungs- und Verarbeitungsbedürfnissen und am situationsgerechten Handeln) und
- *soziale Kompetenz* (gemeinsam Projekte planen, durchführen und prüfen, Teamarbeit, in strukturierten Teamsitzungen miteinander beraten, andere Fachkompetenzen wahrnehmen und zurate ziehen, Elternkompetenz beachten, Suchen nach Problemlösungen, interdisziplinär arbeiten, Kompetenztransfer beachten).

Das situationsorientierte Handeln stellt hohe Ansprüche an die Haltung und Einstellung des Erziehers. (Krenz 2017a) Er wird als Person (auf der persönlichen und zwischenmenschlichen Ebene) und als Fachkraft (auf der beruflichen und fachlich-kooperierenden Ebene) angesprochen. Mit diesem Bemühen um eine methodischen Haltung oder „Haltungsmethode", die in seiner Person verankert ist, wird der Erzieher die Trickkunde der Ratgeberliteratur hinter sich lassen. (Klein 2018a, S. 19)

Identität und Professionalität als Motor für Entwicklungen

Wenn der Mensch als Produzent seiner individuellen Lebenscollage betrachtet wird, der aus Lebensstil und Sinnelementen die eigene Biographie in Auseinandersetzung mit sich und anderen bildet, ist dies für den therapeutischen Erzieher besonders bedeutsam. Mit der Frage nach der eigenen Identität und ihrer Klärung sind persönliche und berufliche Irritationen zu meistern. Identitätsentwicklung beginnt dort, wo Erzieher selbst Freude und ein hohes Interesse daran haben,

- immer wieder neues Wissen zu erwerben,
- vertiefende Kenntnisse aus dem weiten Feld der Neurobiologie, Sozialpädiatrie, Psychologie und Pädagogik zu gewinnen,
- Lernherausforderungen zu suchen und Handlungskompetenzen aufzubauen bzw. zu erweitern,
- Konfliktkompetenzen zu erwerben, um vorurteilsbewusst, offen und neugierig schwierige Situationen zu meistern,
- an der eigenen Lern- und Lebensgeschichte zu arbeiten, bisher verborgene Talente zu entdecken und neu zu nutzen,

- weltoffen auf alles Unbekannte zuzugehen und
- sich immer wieder selbst zu motivieren, mit Engagement und Risikofähigkeit die Welt humaner mit zu gestalten.

Berufliche Identitätsentwicklung ist stets mit der persönlichen Identitätsentwicklung verbunden. Beide Identitätsbereiche entstehen nicht von alleine. (Krenz 2014c) So geht es darum, immer wieder selbstreflexiv die eigene Lebensgeschichte und das Verhalten mit dem Alltagsgeschehen vor Ort zu vernetzen, um konstruktive und destruktive Handlungsmomente zu erkennen.

Dazu gehört auch eine gute Dialogfähigkeit, um in den unterschiedlichen Lebens- und Arbeitssituationen Selbstbetrachtungen und -verhandlungen zu leisten, lebendige Entwicklungsfelder zu entdecken, Entwicklungschancen zu nutzen und Fehlentwicklungen zu korrigieren. Immer wieder müssen die unterschiedlichen Erwartungen und Anforderungen, die man an sich (zu haben) hat und die von außen kommen, auf ihre fachliche Existenzberechtigung hin überprüft werden.

Bei all diesen Selbstentwicklungsaufgaben wird es nicht ausbleiben, dass dabei auch Identitätskrisen auftauchen: Sie sind eine Chance, ein erlebtes, aktuelles Chaos als Neuanfang zu verstehen.

Professionalität verlangt konkrete Handlungsschritte

(Elementar)Pädagogik muss künftig stärker ihre Professionalität im Beruf zeigen. (Krenz 2014d, 2015a) Viele aktuelle Untersuchungen im Bereich der Neuropädiatrie und -psychologie, der Verhaltensbiologie und Entwicklungspsychologie zeigen die hohe Bedeutung der ersten Lebensjahre für die weitere Entwicklung, es liegt aber auch im Interesse des Erziehers selbst, die bedeutsame und anspruchsvolle Berufsarbeit professionell auszufüllen.

Demnach achtet der therapeutische Erzieher auf

- Selbstkritik (Selbstreflexion, Selbstentwicklung, Selbstauseinandersetzung, Problembewusstsein),
- Freude und Humor, Optimismus und Lebendigkeit,
- Achtsamkeit und Zuversicht und
- Engagement, Neugierde, Lernoffenheit sowie Solidarität im Sinn von Janusz Korczak. (Klein 2018a, 62 ff.)

Selbstveränderung – Königsweg für Entwicklungsbegleitung

Um Kindern in ihrem Entwicklungsbedürfnis und -bedarf hilfreich zur Seite zu stehen, bedarf es erstens einer *Annahme des Kindes*, indem wir ihm ein Beziehungsangebot machen, damit es sich nicht isoliert, ausgegrenzt, bevormundet, gedemütigt, verlassen, ins Abseits gedrängt fühlt. (Krenz 2016a) Zweitens geht es um eine *fachlich verstehende, deutende Entschlüsselung* der gezeigten Ausdrucksweise, um „das Kind da abzuholen, wo es steht" und nicht dort hinzuziehen, wo wir es gerne haben würden. (Krenz 2017b) Drittens ist für Erwachsene ein *radikaler Perspektivwechsel* nötig: Sie haben dafür zu sorgen, dass Kinder seelisch stark werden und sich sozial integriert fühlen. Erwachsene müssen dem einzelnen Kind dabei helfen, *das Können zu können*. Verhaltensirritationen haben aus Sicht des Kindes eine wegweisende, überlebensnotwendige Funktion: Sie sind Ausdruck einer entwicklungshinderlichen Umgebung (ungünstige Raumbedingungen, ein fachlich unangebrachtes pädagogisches Konzept, Beziehungsstörungen vom Erwachsenen zum Kind, eingeschränkte Bewegungsmöglichkeiten, zusammenhanglose „Programme" oder übertragungsrelevante Teamkonflikte), also stets situationsangemessene Reaktionen des Kindes, die der ERWACHSENENWELT zeigen „hier stimmt etwas nicht im kindlichen Umfeld" und dazu auffordern, Hintergründe bzw. Auslöser zu suchen und zu verändern. (Krenz 1983a, 1983b, 1984) Ursache kann auch eine krankhafte Störung beim Kind sein, was fachkundige Klärung (Kinderarzt, Neuropädiater, Kinderpsychiater) erfordert. Die therapeutisch tätige Fachkraft muss also versuchen herauszufinden, was das Kind mit seinem Verhalten ausdrücken und mitteilen will, wo, wann und wie Hilfe zu geben ist.

5.3.4 Ganzheitliche oder heilende (Spiel)Erziehung

Der S.o.A. integriert Kinder, die in innerer und äußerer Not leben, er nimmt die Entwicklungsbeeinträchtigung des Kindes wahr, die auf sehr verschiedene Ursachen und Zusammenhänge zurückgehen kann. Er versteht sich als ein Lebensort, der dem Kind „Raum und Zeit zur Verfügung stellt", damit es seine aktuellen Lebensfragen und Lebensprobleme sowie bedrängende Erlebnisse und Erfahrungen verarbeiten kann: beim Spielen, Erzählen, Bewegen, rhythmischen Gestalten, Malen, Zeichnen und Träumen.

Als heilpädagogisch-ärztliche Aufgabe baut S.o.A. auf entwicklungsneurologischen und -pädagogischen Erkenntnissen auf: Kinder können gerade durch wiederholte „Spiel-Tätigkeit" (Fröbel) eigene, noch unverarbeitete

Erlebnissen und Erfahrungen innerlich ordnen. „Wenn Kinder die Möglichkeit haben, in vielfältiger Projektarbeit ‚Vergangenheitsbewältigung' zu unternehmen, können auf diese Weise Irritationen, Ängste, Belastungen, Spannungen oder Ärger abgebaut werden." (Krenz 2013a, S. 108)

Durch diese Verarbeitungsprozesse bahnen sich die Kinder den Weg zu ihren eigentlichen Kompetenzen und zu ihren Ressourcen, die sonst verschüttet geblieben wären. In ihrem Spiel liegen die heilenden (ganz machenden) Kräfte, von denen der Erzieher und Psychotherapeut Hans Zulliger sprach. Der therapeutische Erzieher gibt dem Kind „SEELENPFELGE" im Sinne der Waldorfpädagogik und schafft eine Umgebung, in der die Entwicklung des Kindes sich normalisieren kann. (Klein 2018a, S. 137)

Fazit

Der „Situationsorientierte Ansatz" ist geplantes und strukturiertes Leben und Lernen mit Kindern, wobei entwicklungsneurologisch und (heil)pädagogisch zu verantwortende Vorhaben (Projekte) sorgfältig zu planen, durchzuführen und zu prüfen sind. Kinder bekommen die Möglichkeit, individuelle Erfahrungen und Erlebnisse im Spiel zu verarbeiten und zu verstehen, bedeutsame Fragen zu beantworten und Zusammenhänge zu begreifen, um aus der Bewältigung erlebter Situationen und Ereignisse individuelle Kompetenzen auf- und auszubauen. (Klein 2015, S. 178; 2018a, S. 137 ff.)

5.3.5 Jedes Kind auf seinem Entwicklungsweg leiten und unterstützen

Der S.o.A. ist ein beziehungsorientiertes, ganzheitliches Erziehungs- und Bildungskonzept, das jedes Kind möglichst situationsgerecht

- leitet (besonders durch die Haltung) und
- unterstützt (besonders durch die Methode).

Dadurch kann es seine

- personale Kompetenz (Ich-Kompetenz),
- soziale Kompetenz (Sozialkompetenz) sowie
- gegenstands- und aufgabenbezogene Kompetenz (Sachkompetenz) selbst strukturieren und aufbauen.

Der Ansatz ist an der Korczakpädagogik orientiert, denn er „gleicht einer Haltung, einer persönlichkeitsbedingten Sichtweise von ‚ganzheitlicher Pädagogik' unter besonderer Berücksichtigung der

- Wertschätzung von Kindern,
- Achtung der Rechte jedes einzelnen Kindes,
- Nichtausgrenzung von aktuellen Situationen,
- Bedeutung jedes einzelnen Tages und
- Arbeit an eigener Identität und Professionalität."
  (Krenz 2013a, S. 160)

Der „Situationsorientierte Ansatz" achtet

1. Grundbedürfnisse
2. Selbsttätigkeit
3. Spiel als Bildungsmittelpunkt
4. Spiel und Sprachförderung

(1) Grundbedürfnisse

- Zeit gewähren, damit Kinder sich selbst und ihr Umfeld wahrnehmen können;
- Ruhe fördern, um Kindern eine Wahrnehmungsdifferenzierung zu ermöglichen;
- Liebe geben, um Kindern dabei zu helfen, sich selbst annehmen zu können;
- Vertrauen leben, um Stolz und Ich-Stärke aufzubauen;
- den Kindern das tiefe Gefühl des Verstandenwerdens geben, damit sie intensiven Kontakt zu sich selbst aufnehmen können und sich der eigenen Person sowie ihrer Welt öffnen;
- Sicherheit vermitteln, damit Kinder in den Prozess einer Selbstentwicklung kommen können;
- Bewegung und Rhythmik zu einem zentralen Aspekt erklären, damit durch den damit verbundenen Stressabbau die Basisfähigkeit einer Selbststeuerung eintreten kann;
- Intimität und Geheimnisse den Kindern zugestehen, sodass sich ihr Differenzierungspotenzial zwischen ihrer öffentlichen und privaten Person entwickeln kann;
- eine Mitsprache ermöglichen und einfordern zum Aufbau eines Wertigkeitsempfindens;

- vielfältige Erfahrungsräume bereitstellen, um Kindern dabei zu helfen, ihre Lernpotenziale zu entdecken und zu nutzen;
- Gefühle erleben lassen, um ihre Existenz zu akzeptieren und intrapsychisch zu integrieren;
- Sexualität bejahen, zulassen und unterstützen, damit Kinder ihre Identität auch tatsächlich ganzheitlich erleben;
- Gewaltfreiheit zur obersten Priorität erklären, damit Kinder sich angstfrei auf die unterschiedlichsten Situationen und Lernvorgänge einlassen können;
- Neugierde in allen Facetten unterstützen, um Lernmotivation auf- und kontinuierlich auszubauen;
- Optimismus leben, um Kindern die Basisfähigkeit eines grundsätzlichen Konstruktivismus zu vermitteln und
- Respekt/Achtung zum festen Kommunikationsverhalten erklären, damit Kinder ihre Individualität, ihre Einmaligkeit erleben können – als Grundlage für den Aufbau eines Selbstwertgefühls. (Krenz 2013b)

(2) Selbsttätigkeit

Versucht man die Gedanken von Armin Krenz auf den Punkt zu bringen, dann stößt man auf den Begriff der Selbsttätigkeit (Selbstbildung, Selbstaktualisierung, Selbstregulation, autonomes Handeln, kompetentes Handeln), den Friedrich Fröbel, aber auch die anderen drei großen Reformpädagogen Montessori, Steiner und Korczak im Auge hatten. Unter den Bedingungen der Gegenwart geht es Armin Krenz um Selbstbildung des Erziehers und um Selbstbildung des Kindes.

Der gebildete Erzieher

- orientiert sich an den Bedürfnissen des Kindes,
- gibt dem Kind Seelenproviant durch empathische Entwicklungsbegleitung,
- ermöglicht ihm durch seine Haltung Identitätsentwicklung und Werteentwicklung,
- führt es in einer einladenden Atmosphäre, in der es in lebensbezogenen ganzheitlichen Projekten zusammen mit anderen spielen, üben und lernen kann.

Diese „pädagogische Atmosphäre" (Bollnow) ermöglicht dem Kind

- sich selbst zu bilden,
- die Welt im Spiel und in den vielfältigsten Alltagssituationen zu erkunden und zu erobern,
- neugierig zu fragen und gemeinsam auf eine Antwortsuche zu gehen,
- allein oder gemeinsam Zusammenhänge zu entdecken und zu erforschen,
- zu experimentieren und zu probieren, zu erkunden und Neues zu erleben, die Welt zu begreifen und zu ergreifen,
- sich die fremde (oft ängstigende) Welt in einem förderlichen Entwicklungstempo vertraut zu machen und Sicherheit aufzubauen.

(3) Spiel als Bildungsmittelpunkt

„Spiel und Freude sind wie die zwei Seiten einer kleinen Münze.

Sie zu missachten, heißt auf Reichtum zu verzichten."

(Verfasser unbekannt)

Armin Krenz versteht das „Spiel als den eigentlichen Beruf des Kindes". Im Spiel erweitert das Kind seine Lernpotenziale und vielfältige Kompetenzen. Es stabilisiert seine Ich-Identität, verbessert die Belastbarkeit und seine soziale Sensibilisierung. (Krenz 2001b, 2007b, 2009a, Klein 2015, S. 182 ff.)

Das Spiel wird häufig als überflüssiger und zu vernachlässigender Zeitvertreib, als Spielerei gesehen. Immer seltener sind sich Eltern – und auch vermehrt Fachkräfte – der Tatsache bewusst, dass Kinder in bindungsstarken Spielsituationen alle Fähigkeiten für ihr Leben aufbauen (könnten), die sie später einmal für eine aktive, kreative und selbstbewusste Lebensgestaltung brauchen. Viele Forschungsergebnisse aus den letzten drei Jahrzehnten zeigen übereinstimmend, dass das Spiel als Vorstufe und Nährboden für einen darauf aufbauenden Erwerb schulischer und beruflicher Fähigkeiten zu gelten hat und von entscheidender Bedeutung für die Persönlichkeitsentwicklung eines Kindes ist.

Neurobiologen haben gezeigt, dass durch Spielen viele unterschiedliche Regionen des menschlichen Gehirns aktiviert werden, weil Kinder ihre ganze Aufmerksamkeit auf die Erlebnisse des Schauens und Betrachtens, des Hörens, des Fühlens, des Begreifens ausrichten und dabei ihre Fantasie nutzen, um sich Ereignisse selbst zu verdeutlichen, diese mit einer bunten

Gedankenvielfalt ausschmücken, Ziele definieren und Strategien für eine Spielhandlung entwickeln.

Kinder bringen ein außergewöhnlich großes Interesse für ihr Umfeld und ein hohes Neugierverhalten mit auf die Welt. Durch die alltäglichen Sinnesreize werden Interesse und Aufmerksamkeit für diese „Welteindrücke" aktiviert.

Interessant sind alle Dinge, die sich bewegen, die Töne erzeugen, die sich anfassen lassen, die intensiv riechen oder zu schmecken sind. Dabei merken Kinder, dass man mit diesen Dingen etwas tun kann. Aus dieser Neugierhandlung (Was geschieht dort? Wozu ist das da? Was kann ich damit anfangen?) entwickelt sich nach und nach eine aktiv gestaltete Spielhandlung, die sich aus unendlich vielen Einzeltätigkeiten im Dialog mit sich selbst, mit dem Anderen und dem (Bildungs)Gegentand zusammensetzt.

Spielen entsteht also aus aktiven, eng miteinander vernetzten Erfahrungshandlungen – mit den eigenen Körperteilen, mit Gegenständen unterschiedlichster Art und vor allem in einer angenehm erlebten Beziehungsatmosphäre. Im Spiel eignen sich Kinder ganz nebenbei – je nach Spielform, Spielart, Spielinteresse und Spielverlauf – ein lebendiges, räumliches, kreatives, physikalisches, naturwissenschaftliches und mathematisches Wissen an. Lernpsychologen sprechen in diesem Zusammenhang von einem „concomitant learning": einem „Lernen, das „nebenbei", ohne direkte Vermittlung, als begleitende Auswirkung durch unterschiedliche Spielhandlungen und bedeutsame Aufmerksamkeitsimpulse entsteht und entsprechende Hirnareale anspricht. (Klein 2018a, 141 ff.)

Was tun, wenn Kinder keinen Weg zum Spiel finden?

Die Frage, wie Erwachsene Kinder zum Spiel(en) motivieren können, ist ganz einfach zu beantworten. Zunächst sollten sie von Anfang an ein echtes, authentisches Interesse an den Tätigkeiten der Kinder empfinden und zeigen, um ihre Neugierde zu unterstützen und Kindern damit helfen, in Spielsituationen hineinzufinden und um anschließend viel mit Kindern zu spielen (und nicht nur Spielanleitungen geben!), weil das Spiel für viele Kinder dann besonders interessant wird, wenn Erwachsene aktive Spielpartner sind! Dabei ist noch eines wichtig: Im Vordergrund des Spiels darf nie ein Förder- oder Schulungsgedanke stehen. Damit würde jedes Spiel funktionalisiert werden – eine Tatsache, die leider in vielen Kitas in immer stärkerem Maße zu beobachten ist. Der Zweck des Spiels liegt in der Spannung, der Freude, der Aufregung, den vielfältigen Gestaltungsmöglichkeiten und nicht in einer „Konzentrationsübung", in der „Schulung der Grobmotorik" oder im Aufbau „sozialer Kompetenzen".

Der therapeutische Erzieher kann Bedingungen für das Spiel(en) schaffen: Manche Kinder haben schon so viel Spielmittel bzw. Spiel„zeug", dass ihr Kinderzimmer einem vollgestopften Warenlager gleichkommt. Dasselbe ist in manchen Kitas zu beobachten. Zu viele Spielmittel hemmen den fokussierten Reiz des Kindes, in sein individuelles Spielverhalten einzusteigen. Von Zeit zu Zeit sollte daher in den Gruppenräumen ebenso wie im Kinderzimmer das Spielmittelangebot überprüft werden.

Ein Lehrsatz der Spielpädagogik lautet: „Weniger das Viele als vielmehr das Wenige." Nur wer eher wenige (allerdings für das Kind selbst attraktive) Spielmittel hat, weiß Spielmittel zu schätzen! Wir müssen wegkommen von einer „Ex-und-hopp-Gesellschaft" – einer Einstellung, die etwas mit Konsumüberfluss zu tun hat. In dem Fall, in dem neue Spielmittel gekauft werden, geht es darum, dass a) Kinder damit vielfältige, variable Spielmöglichkeiten haben, b) die Verarbeitung des Spielzeugs gut und es daher langlebig ist. Bewährte Spielmittel sollten eher ergänzt werden als immer neuartige Spielmittel hinzuzufügen, damit Kinder bei einer Spielgeschichte bleiben können! Statt neuer Spielmittelkäufe eignen sich mitunter unterschiedliche Gegenstände der Erwachsenenwelt, von stabilen Kartons über Rohre, Stoffe und alte Geräte bis hin zu Brettern und Dosen, von Utensilien zum Verkleiden bis zu Werkmaterialien. Je intensiver solche Alltagsgegenstände ins Spiel mit einbezogen werden, desto weniger sind Kinder auf ständig neues Spielzeug fixiert.

Kinder wollen und müssen spielen (dürfen)

Viele Spielmittel haben sich im Laufe der vergangenen Jahre verändert. Doch Kartenspiele, Quartetts und Sammelkarten gab es ebenso wie heute und die Ritterburgen von damals haben sich heute zu hochgerüsteten galaktischen Weltraumstationen gewandelt. Auch Barbie gab es schon – nur nicht in dieser Auswahl und Vielfalt. Rollenspiele und Kartenspiele wurden damals ebenso gespielt wie Konstruktionsspiele – was damals als „Stabilbaukasten" zur Verfügung stand, wird heute mit unendlich vielen Stecksteinaufbausätzen ermöglicht. Auch damals wurden Aggressionsspiele zum Austoben, Fußballspiele oder andere Bewegungsspiele von Kindern mit Vorliebe genutzt. Allerdings sind einige Spielformen (Märchenspiele, Theaterspiele, Sozialregelspiele, musisch-rhythmische und Handpuppenspiele) in vielen Kindergärten und Elternhäusern leider immer seltener anzutreffen, was der emotional-sozialen und intellektuellen Entwicklung von Kindern schadet. Schließlich ist bekannt, dass gerade die Bereiche Spiel- und Schulfähigkeit eng zusammenhängen. Stattdessen werden viele Tagesabläufe der Kinder mit teilleistungsorientierten Anleitungstrainings und vor allem kognitiven Übungen sowie anderen Tätigkeiten voll ausgeplant – dabei muss das Spiel auf der Strecke bleiben.

Je mehr Kinder die unterschiedlichen Spielformen (von Entdeckungs- über Wahrnehmungsspiele, vom Schatten- über das Rollenspiel, von vielen Bewegungs- und Musikspielen bis zu lebendigen Märchen- und Szenenspielen) kennenlernen, desto größer sind ihr Spiel- und damit auch ihr Lernpotenzial. Dabei sorgen die bei jedem Kind vorhandene Neugierde, die mit Spannung ausgefüllte Entdeckerfreude und die damit verbundenen Glückserlebnisse im Spiel zur Aktivierung des dopaminergen Systems, das den vielfältigen, unterschiedlichen Dingen und Ereignissen um das Kind herum eine nachhaltige Bedeutung verleiht.

Wird also dem Spiel hohe Bedeutung beigemessen, dann werden bestimmte Fertigkeiten neuronal gebahnt, z. B. Ausdauer, Konzentration, Anstrengungsbereitschaft und Lösungsorientierung. Was für ein bedeutsames Ergebnis! Diese im Hirn angelegten Bahnungsprozesse entscheiden wiederum im späteren Leben darüber, ob und wie intensiv sich ein Kind gerne neuen, völlig unbekannten, als Herausforderung erlebten Aufgaben zuwendet, konzentriert lernen kann und handlungsaktiv sowie selbstmotiviert nach Lernergebnissen sucht. Anders ausgedrückt: Das Spiel(en) setzt mit seinen ihm selbst innewohnenden Potenzialen Entwicklungen in Gang, die für ein komplex verschaltetes Gehirn sorgen und zeitlebens helfen, die vorhandenen Potenziale zu differenzieren und auszubauen. (Hüther 2011, 2017)

Um dem Erlebnisschwerpunkt „Spiel" wieder zu seiner hohen Bedeutung in der Früh- und Elementarpädagogik zu verhelfen, bedarf es eines bedeutungsbesetzten Bewusstseins der Erzieher und einer selbstkritischen Reflexion, welchen Wert das SPIEL in der alltäglichen Praxis tatsächlich besitzt und wie es in Familie und Einrichtung betrachtet und erlebbar umgesetzt wird. Dazu bieten sich folgende Reflexionsfragen an, wobei die Antworten mit jeweils praktischen Ausführungen/Beschreibungen/Beispielen belegt werden sollen:

- Welche aktive oder passive Rolle nehmen die Erzieher während der unterschiedlichen Spielaktivitäten der Kinder ein?
- Ist jeder Erzieher bereit, den Kindern ein spielinteressiertes, aktives und (selbst)motiviertes Spielvorbild zu sein?
- Gibt es bestimmte Spielformen, die er besonders bevorzugt, vernachlässigt oder ganz außer Acht lässt? Wenn ja, warum und wie ist dieser Umstand zu verändern?

- Stehen den Kindern ausreichend unterschiedliche Spielmittel zur Verfügung?
- Besteht für die Kinder die Möglichkeit, bei jedem Wetter auch draußen zu spielen und welche Spielmöglichkeiten finden Kinder dort vor?
- Gibt es für die Kinder sowohl in der Einrichtung als auch auf dem Freigelände eine ausreichende Spielfläche?
- Wie viel „Spielzeit" wird den Kindern täglich zur freien Gestaltung zur Verfügung gestellt?
- Können Kinder ihre Spiele zu Ende spielen oder werden ihre Spieltätigkeiten häufig unterbrochen?
- Haben die Erzieher die wissenschaftlich belegbare „Lerneffizienz" des Spiels erkannt?
- Bilden sie sich regelmäßig im Bereich der SPIELPÄDAGOGIK weiter?
- Tragen sie regelmäßig die hohe Bedeutung des Spiels in die pädagogische Öffentlichkeit, beispielsweise durch Elternabende oder bei „Schulungsgesprächen"? (Klein 2015, S. 185 ff.)

(4) Spiel und Sprachförderung

Gerade in der heutigen aktuellen Diskussion um nötige „Sprachförderung" geht es im S.o.A. nicht um irgendein „Sprachförderprogramm", sondern darum,

- insgesamt im Alltag viel und sorgsam miteinander zu sprechen, aufeinander hören zu wollen,
- miteinander zu singen, zu dichten und zu reimen,
- lebendige Dialoge miteinander zu führen (und keine Monologe auf Kinder loszulassen),
- statt auf Fragen Antworten zu geben, gemeinsam nach befriedigenden Antworten zu suchen,
- über Kinder und ihre Tätigkeiten zu staunen (statt zu loben),
- über Gott und die Welt zu philosophieren,
- vielfältige Bewegungsaktivitäten gemeinsam zu erleben und zu genießen, Geschichten zu erfinden, Symbiose-, Trennungs- und Individuationsmärchen zu lauschen,
- Theaterstücke gemeinsam zu entwickeln und diese dann auch miteinander aufzuführen.

„Sprachförderung" ist somit ein integrierter Bestandteil im pädagogischen Alltag. (Krenz 2011b, 2013c, 2014e)

In ähnlicher Form verhält es sich mit allen anderen „Förderbereichen", in denen der therapeutische Erzieher ein fester, zuverlässiger und gern gesehener Bestandteil der Kindergruppe ist. Da Forschungsergebnisse gezeigt haben, dass Kinder bei einer frühkindlichen Fremdbetreuung häufig deutliche Verhaltensirritationen zeigen, muss es dem Erzieher gelingen, Kindern zur Entwicklung einer Resilienz zu verhelfen, um durch ihre dann vorhandene Widerstandsfähigkeit aufkommende Krisen zu meistern. Mithilfe eines starken emotionalen Immunsystems können Kinder Belastungen besser aushalten und bei Problemen lösungsorientierte Handlungsschritte in Gang setzen. Insofern können Erzieher durch ganz bestimmte Verhaltensmerkmale als Resilienten für Kinder wirken.

Hier schließt sich der Kreis im S.o.A.: Durch intensive, Sicherheit vermittelnde Bindungserfahrungen schaffen Erzieher wesentliche Voraussetzungen für eine förderliche psychosoziale und kognitive Entwicklung.

Therapeutische Erzieher aktivieren durch

- ihre Aufgeschlossenheit,
- ihre personale Stabilität,
- ein stützendes Beziehungsklima,
- ihre konstruktive Kommunikation,

- ihre ausdrucksstarke Klarheit,
- ihre klare und transparente Regeleinhaltung,
- ihre positive Verstärkung kindeigener Leistungsansätze,
- ihre Beharrlichkeit (Festigkeit ohne Starrheit) und
- das Ermöglichen einer subjektiv bedeutsamen Selbstwirksamkeit

den Rahmen dafür, dass Kinder in klaren, durchschaubaren und einschätzbaren Strukturen ihre Entwicklungsressourcen entdecken, auf- und ausbauen können: Tag für Tag.

5.3.6 Zusammenfassung

(1) „Bildung durch Bindung" (Krenz/Klein 2013) im gestalteten Erfahrungs- und Bildungsraum des Kindes

- entspricht seinem Bedürfnis nach Sicherheit, Kontinuität, Rhythmus und Wiederholung,
- schafft Zufriedenheit, Freude und Dankbarkeit im Miteinander und
- sorgt dafür, dass sich Kinder möglichst keinen Trennungserlebnissen, Beziehungsnöten, Bedrohungsängsten, Auslieferungs- oder Ohnmachtserlebnissen ausgesetzt fühlen. Diese Vulnerabilitäten (seelische Verletzungen) zerstören Voraussetzungen für eine sichere Bindung und sind daher im Selbstverständnis des „Situationsorientierten Ansatzes" ausgeschlossen. (Klein 2015, S. 187)

(2) Eine lebensbejahende und fröhliche Haltung in einer einladenden „pädagogischen Atmosphäre" (Bollnow), die sich auf den Spuren des Arztes und Erziehers Janusz Korczak bewegt, sich bemüht das (auf)gegebene Kind bedingungslos zu achten

- wirkt unmittelbar und
- motiviert zum geordneten schöpferischen Tun.

(3) In diesem gemeinsam strukturierten Raum des Wohlfühlens bilden sich entwicklungsneurologisch fundierte gesundheitsfördernde und emotional stabilisierende Persönlichkeitsmerkmale sowie stabile soziale Gewohnheiten, die dem Kind mit und ohne Behinderung Sicherheit und Zuversicht in die Potenziale und Ressourcen der eigenen bio-psycho-sozialen Entwicklung geben.

Literaturhinweise

Ahnert, L. (Hrsg.) (2014): Frühe Bindung, Entstehung und Entwicklung. München

Anti-Bias-Netz (Hrsg.) (2016): Vorurteilsbewusste Veränderungen mit dem Anti-Bias-Ansatz. Freiburg

Antonovsky, A. (1997): Salutogenese. Zur Entmystifizierung der Gesundheit. Tübingen

Asperger, H. (1968): Heilpädagogik. Einführung in die Psychopathologie des Kindes für Ärzte, Lehrer, Psychologen, Richter und Fürsorgerinnen. 5. Auflage. Wien

Ayres, J. (2016): Bausteine der kindlichen Entwicklung. Sensorische Integration verstehen und anwenden. 5. Auflage. Berlin

Bauer, J. (2005): Warum ich fühle, was du fühlst. Intuitive Kommunikation und das Geheimnis der Spiegelneurone. Hamburg

Bauer, M. (2005): Gesammelte Werke. Band 1: Erzählungen. Stuttgart

Baumann, Th. (2017): Atlas der Entwicklungsdiagnostik. Vorsorgeuntersuchungen von U1 bis U10/1. 5. Auflage. Stuttgart

Baumann, Th./Dierauer S./Meyer-Heim, A. (2018): Zerebralparese. Diagnose, Therapie und interdisziplinäres Management. Stuttgart

Behringer, L./Höfer, R. (2005): Wie Kooperation in der Frühförderung gelingt. München

Berger, E. (2017): Die österreichische Kinder- und Jugendpsychiatrie nach 1945 bis 1975. In: Fangerau, H./Topp. S./Schepker, K. (Hrsg.): Kinder- und Jugendpsychiatrie im Nationalsozialismus und in der Nachkriegszeit. Zur Geschichte ihrer Konsolidierung. Heidelberg, S. 607-618

Bergeest, H./Boenisch, J./ Daut, V. (2015): Körperbehindertenpädagogik. 5. Auflage. Bad Heilbrunn

Bernasconi, T./ Böing, U./Goll, H. /Wagner, M. (2017): Inklusion und Exklusion von Schülerinnen und Schüler mit schwerer Behinderung. In: behinderte menschen, 40. Jg., Heft 4/5, S. 41-45

Blanz, B./Remschmidt, H./Schmidt, M.H./Warnke, A. (2006): Psychische Störungen im Kindes- und Jugendalter. Ein entwicklungspsychopathologisches Lehrbuch. Stuttgart

Bode, H./Büsching, U./Kohns, U. (2016): Psychosomatische Grundversorgung in der Pädiatrie. Stuttgart

Bollnow, O. F. (1958): Existenzphilosophie und Pädagogik. Stuttgart

Buber, M. (1982): Das Problem des Menschen. Heidelberg

Buber, M. (1983): Ich und Du. Heidelberg

Buber, M. (1986): Reden über Erziehung. Heidelberg

Buchka, M./Grimm, R./Klein, F. (Hrsg.) (2002): Lebensbilder bedeutender Erzieherinnen und Heilpädagogen des 20. Jahrhunderts. 2. Auflage. München

Bundesvereinigung Lebenshilfe (2004): „Das Gras wächst nicht schneller, wenn man daran zieht." Therapiemethoden und Förderansätze für Menschen mit geistiger Behinderung. Orientierung und Überblick für Eltern und Mitarbeiter(innen). Marburg

Czech, H. (2015): Hans Asperger und die „Kindereuthanasie" in Wien – mögliche Verbindungen. In: Pollak, A. (Hrsg.): Auf den Spuren Hans Aspergers. Stuttgart, S. 24-29

Dörner, K. (2003): Der gute Arzt. Lehrbuch der ärztlichen Grundhaltung. Stuttgart

Ellger-Rüttgardt, S. L. (2016): Inklusion. Vision und Wirklichkeit. Stuttgart

Fangerau, H./Topp, S./Schepker, K. (Hrsg.) (2017): Kinder- und Jugendpsychiatrie im Nationalsozialismus und in der Nachkriegszeit. Zur Geschichte ihrer Konsolidierung. Heidelberg

Feldenkrais, M. (1996): Bewusstheit durch Bewegung. Der aufrechte Gang. Berlin

Fragner, J. (2018): Emotional-soziale Entwicklung kompakt. In: behinderte menschen, 41. Jg., Heft 4/5, S. 1

Frankl, V. E. (1979): Der Mensch vor der Frage nach dem Sinn. München

Frankl, V. E. (1985): Die Sinnfrage der Logotherapie. München

Frankl, V. E. (1987): Logotherapie und Existenzanalyse. München

Frankl, V. E. (1992): Der unbewusste Gott. Psychotherapie und Religion. München

Frankl, V. E. (2007): Ärztliche Seelsorge. Grundlagen der Logotherapie und Existenzanalyse. München

Fröhlich, A. (2012): Basales Leben. Texte zur Arbeit mit schwer beeinträchtigten Menschen. Herausgeber: Internationaler Förderverein Basale Stimulation e.V., Kiefernweg 11, 67691 Hochspeyer (siehe auch: www.basale-stimulation.de)

Grimm, H. (2012): Störungen der Sprachentwicklung. Göttingen

Haeberlin, U. (2016): Vergangenheit – Gegenwart – Zukunft. Heilpädagogik im Dilemma zwischen Visionen und Realitäten. In: BHP Verlag – Berufs- und Fachverband (Hrsg.): Heilpädagogik. Sinn - Struktur – Perspektiven. Berlin, S. 11–24

Häßler, F./Fegert, J. M. (Hrsg.) (2000): Moderne Behandlungskonzepte für Menschen mit geistiger Behinderung. Therapiekompendium für Ärzte, Psychologen, Sozialarbeiter und Pflegekräfte. Stuttgart

Häußler, A. (2016): Der TEACCH- Ansatz zur Förderung von Menschen mit Autismus. Einführung in Theorie und Praxis. 5. Auflage. Dortmund

Hanselmann, H. (1931): Vom Umgang mit sich selbst. Zürich

Hanselmann, H. (1976): Einführung in die Heilpädagogik. 9. Auflage. Zürich/ Stuttgart

Hentig, H. v. (1976): An dem, was wirklich ist, erkennen, was möglich ist. In: Neue Sammlung, 16. Jg., Heft 2, S. 199-209

Hüther, G. (2011): Bedienungsanleitung für ein menschliches Gehirn. Göttingen

Hüther, G. (2017): Raus aus der Demenz-Falle. Wie es gelingen kann, die Selbstheilungskräfte des Gehirns rechtzeitig zu aktivieren. München

Hüther, G./Bonney, H. (2017): Neues vom Zappelphilipp. ADS verstehen, vorbeugen und behandeln. Weinheim

Irblich, D./Stahl, B. (Hrsg.) (2003): Menschen mit geistiger Behinderung. Psychologische Grundlagen, Konzepte und Tätigkeitsfelder. Göttingen

Irblich, D./Stahl, B. (Hrsg.) (2005): Diagnostik bei Menschen mit geistiger Behinderung. Ein interdisziplinäres Handbuch. Göttingen

Johnson, M. (2004): Unsägliches Gespräch oder: Wie ich einen Tag als Alibikrüppel an der Universität von Princeton verbrachte. In: Seelenpflege in Heilpädagogik und Sozialtherapie, 23. Jg.,Heft 2, S. 206–208

Jung, C. G. (1980): Der Mensch und seine Symbole. 12. Auflage. Olten und Freiburg

Klein, F. (1999): Bewegung und Rhythmus – Bewegungserziehung und rhythmische Erziehung. In: Seelenpflege in Heilpädagogik und Sozialtherapie, 18. Jg., Heft 1, S. 22-30

Klein, F. (2008): Zur Rezeption der anthroposophischen Heilpädagogik und Sozialtherapie. In: Grimm, R./Kaschubowski, G. (Hrsg.): Kompendium der anthroposophischen Heilpädagogik. München, S. 134-149

Klein, F. (2012): Inklusion von Anfang an. Bewegung, Spiel und Rhythmik in der inklusiven Kita-Praxis. Köln (Vertrieb: Schaffhausen, SCHUBI Lernmedien AG)

Klein, F. (2015): Inklusive Erziehungs- und Bildungsarbeit in der Kita. Heilpädagogische Grundlagen und Praxishilfen. 2. Auflage. Köln

Klein, F. (2018a): Inklusive Erziehung in Krippe, Kita und Grundschule. Heilpädagogische Grundlagen und praktische Tipps im Geiste Janusz Korczaks. München

Klein, F. (2018b): Mit Janusz Korczak Inklusion gestalten. Göttingen

Klein, F. (2018c): Haltung – ein Grundbegriff der (Heil-)Pädagogik. In: Schweizer Zeitschrift für Heilpädagogik, 24. Jg., Heft 9, S. 44-45

Klein F./Schmidt-Thimme D. (1992): Logotherapie und Menschen mit (sogenannter) geistiger Behinderung. In: Görres, S./ Hanson, G.: Psychotherapie bei Menschen mit geistiger Behinderung. Eine Einführung für Heil- und Sonderpädagogen, Eltern und Erzieher. 2. Auflage. Bad Heilbrunn

Klein, F./Neuhäuser, G. (2006): Heilpädagogik als therapeutische Erziehung. München

Klein, G. (2002): Frühförderung für Kinder mit psychosozialen Risiken. Stuttgart

Kobi, E. E. (2004): Grundfragen der Heilpädagogik. Eine Einführung in heilpädagogisches Denken. 6. Auflage. Berlin

Kobi, E. E. (2005): Erziehung und Therapie: Begriffe - Perspektiven - Praxis. In: Büchner, Chr.(Hrsg.): Lebensspuren. Über den Zusammenklang von Erziehung und Therapie. Luzern, S. 11-21

Krenz, A. (1983a): Auffällige Kinder - Selbsterfahrung des Erziehers statt Methodensuche. In: Kindergarten heute - Zeitschrift für Erziehung im Vorschulalter. Nr. 2, Freiburg

Krenz, A. (1983b): Verhaltensstörungen - ein ‚Defekt' des Kindes oder .... München, 5. Nachlieferung

Krenz (1984): Verhaltensauffälligkeiten - sinnvolles und situationsangemessenes Signal- und Problemlöseverhalten von Kindern. In: Schüttler-Janikulla, K. (Hrsg.): Handbuch für Erzieher in Krippe, Kindergarten, Vorschule und Hort. München, 6. Nachlieferung

Krenz, A. (1986): Personale und fachliche Kompetenz von Erzieherinnen - Gedanken, Gründe und Hintergründe im Hinblick auf die berufliche Praxis im Kindergarten. In: Schüttler-Janikulla, K. (Hrsg.): Handbuch für Erzieher in Krippe, Kindergarten, Vorschule und Hort. München, 10. Nachlieferung

Krenz, A. (1990): Erzieherinnen als Träger von Veränderungen in der praktischen Arbeit - eine kritische Bestandsaufnahme und notwendige Konsequenzen. In: Schüttler-Janikulla, K. (Hrsg.): Handbuch für Erzieher in Krippe, Kindergarten, Vorschule und Hort. München, 24. Nachlieferung

Krenz, A. (1991/2004): Der „Situationsorientierte Ansatz" im Kindergarten. Grundlagen und Praxis. 15. Auflage 2004. Freiburg

Krenz, A. (1992): Kinder sind lebendig, neugierig und voller Interesse; sie haben ein Recht auf eine aktive Entwicklungsbegleitung. In: KiTa- info. Senatsverwaltung für Jugend und Familie. Berlin, Heft 4

Krenz, A. (1993/1996): Seht doch, was ich alles kann! Was uns Kinder sagen wollen. Freiburg Reihe „ Spektrum". 3. Auflage. Freiburg

Krenz, A. (1996) Der pädagogische Ansatz: Situationsorientierung in der Kindergartenerziehung. In: Dorlöcher, H. et al: Phoenix - Der etwas andere Weg zur Pädagogik. Band I., Paderborn

Krenz, A. (1999): Der Situationsorientierte Ansatz der 90er Jahre - eine Grundlage für Qualität und Humanität in Kindertagesstätten. In: Wehrfritz Wissenschaftlicher Dienst. Rodach bei Coburg. Heft Nr. 70/71

Krenz. A. (2001a): Qualitätssicherung in Kindertagesstätten – Das Kieler Instrumentarium für Elementarpädagogik und Leistungsqualität, K.I.E.L. München

Krenz. A. (2001b): Kinder spielen sich ins Leben: Der Zusammenhang von Spiel- und Schulfähigkeit. In: Wehrfritz Wissenschaftlicher Dienst, Rodach bei Coburg. Heft Nr. 7

Krenz, A. (2006a): „Bildungsarbeit" in der Elementarpädagogik – Kritische Anmerkungen zu einem zeitaktuellen Begriff. In: Handbuch für ErzieherInnen in Krippe, Kindergarten, Vorschule und Hort. München, 58. Nachlieferung

Krenz, A. (2006b): Kinder spielen sich ins Leben. In: Erziehungskunst – Zeitschrift zur Pädagogik, Stuttgart, Heft 4

Krenz, A. (2007a): Werteentwicklung in der frühkindlichen Bildung und Erziehung. Berlin/Düsseldorf/ Mannheim

Krenz, A. (2007b): Spielen will gelernt sein! Zur pädagogischen Bedeutung des Kinderspiels. In: Kinderzeit – Das Magazin für ErzieherInnen. Freiburg, Heft 4

Krenz, A. (2008a): Kinder spielen sich ins Leben. Der Zusammenhang von Spiel- und Schulfähigkeit. In: Medizinisch-Pädagogische Konferenz. Rundbrief für in der Waldorfpädagogik tätigen Ärzte, Erzieher, Lehrer, Eltern und Therapeuten. Stuttgart, Heft 45

Krenz, A. (2008b/2013): Der „Situationsorientierte Ansatz" in der Kita. Grundlagen und Praxishilfen zur kindorientierten Arbeit. 2. Auflage. Troisdorf (Vertrieb: Schaffhausen, SCHUBI Lernmedien AG)

Krenz, A. (2009a): Das Spiel ist der Beruf der Kinder. Die bildungsprägende Bedeutung des Kinderspiels. In: klein&groß – Lebensorte für Kinder. München, Heft 11

Krenz, A. (2009b): „Hast du heute schon gespielt?" – Das kindliche Spiel als Selbsterfahrungsfeld und Bildungsmittelpunkt für Kinder. In: Handbuch für ErzieherInnen in Krippe, Kindergarten, Kita und Hort. München, Nachlieferung Nr. 54

Krenz, A. (2010a): Was Kinder brauchen. Aktive Entwicklungsbegleitung im Kindergarten. 7. Auflage. Berlin

Krenz, A. (2010b): Wie Kinder Werte erfahren. Wertevermittlung und Umgangskultur in der Elementarpädagogik. 2. Auflage. Freiburg

Krenz, A. (2011a): Bildung zwischen „Bildungsoffensive" und „Bildungswahn". Eine kritische Bestandsaufnahme zur gegenwärtigen Bildungspädagogik in deutschen Kindertageseinrichtungen – Ausgangsdaten, Fakten, Forderungen. In: kinderleicht. Die Zeitschrift für engagierte Erzieherinnen und Erzieher. Nr. 5/11, Aachen

Krenz, A. (2011b): Sprache haben – sprechen wollen: Sprachförderung durch eine lebendige Kommunikationskultur im Alltag. In: Handbuch für ErzieherInnen in Krippe, Kindergarten, Kita und Hort. München, Nachlieferung Nr. 62 (Teil 5, Nr. 36)

Krenz, A. (2013a): Elementarpädagogik aktuell. Die Entwicklung des Kindes professionell begleiten. 2. Auflage. München

Krenz, A. (2013b): Kinder brauchen Seelenproviant. Was wir ihnen für ein glückliches Leben mitgeben können. 4. Auflage. München

Krenz, A. (2013c): Qualität von Anfang an! Das K.I.E.L. setzt grundlegende Maßstäbe. In: KiTa aktuell. Fachzeitschrift für Leitungen und Fachkräfte der Kindertagesbetreuung. Kronach, Heft 4, S. 99-101

Krenz, A. (2014a): Sprache als lebendiges und integriertes Alltagserlebnis für Kinder und Erwachsene – tägliche Herausforderungen an eine Sprachkompetenz von Erwachsenen. In: Henle/Dieter & Piske/Thorsten (Hrsg.): Unterschiedliche Perspektiven zu frühkindlicher Förderung. Heidenheim (Reihe: Sprachenlernen konkret! Angewandte Linguistik und Sprachvermittlung, Band 14)

Krenz, A. (2014b): Der Situationsorientierte Ansatz – Auf einen Blick. Konkrete Praxishinweise zur Umsetzung, München

Krenz, A. (2014c): Selbstbildung als Herausforderung und Notwendigkeit – Wer bin ich, was kann ich, was bewirke ich? In: KiTa aktuell. Fachzeitschrift für Leitungen, Fachkräfte und Träger der Kindertagesbetreuung. Ausgabe für Nordrhein-Westfalen, Bayern, Niedersachsen, Schleswig-Holstein, Hamburg, Bremen. Kronach

Krenz, A. (2014d): Professionalität: notwendig – schwierig – machbar. In: KiTa aktuell. Ausgabe Österreich, Redaktionsbüro Wien, Heft 03/04

Krenz, A. (2014e): Kinder spielen sich ins Leben. Über die faszinierende Wirkung des freien Spiels. In: Horizonte. Blätter für Politik und Kultur in Mecklenburg-Vorpommern. Schwerin, Heft Nr. 46

Krenz, A. (2015a): Professionalität als Notwendigkeit und permanente Herausforderung. In: KiTa aktuell. Ausgabe für Niedersachsen, Schleswig-Holstein, Hamburg, Bremen. Kronach

Krenz, A. (2015b): Was willst du mir sagen? Ausdrucks- und Signalwert von Verhaltensweisen. In: klein&groß. Lebensorte für Kinder. München, Heft 04

Krenz, A. (2016a): Beziehungsorientierte Pädagogik: ein Grundpfeiler für Bildung und Bindung. In: KiTa aktuell. Ausgabe Nordrhein-Westfalen. Köln, Heft 12

Krenz, A. (2017a): Die Haltung gestaltet die Pädagogik. Bildungsgrundsätze NRW und eine vielbeobachtete Divergenz zur Praxis. In: kinderleicht!? Die Zeitschrift für engagierte Erzieherinnen und Erzieher. Aachen, Heft 5

Krenz, A. (2017b): Kinderseelen verstehen. Verhaltensauffälligkeiten und ihre Hintergründe. 5. Auflage. München

Krenz, A. (2017c): Spielraum ist Lebens- und Lernraum. Ein Plädoyer für eine alltags- und spielorientierte Elementarpädagogik. In: kinderleicht!? Aachen, Heft 6

Krenz, A./Klein, F. (2013): Bildung durch Bindung. Frühpädagogik: inklusiv und beziehungsorientiert. 2. Auflage. Göttingen

Largo, R.H. (2017): Das passende Leben. Was unsere Individualität ausmacht und wie wir sie leben können. Frankfurt

Lévinas E. (1995): Zwischen uns. Versuche über das Denken an den Anderen. München/Wien

Lohse-Busch E. (Hrsg.) (2001): Das therapeutische Angebot für bewegungsgestörte Kinder. Konzepte, Bewertung, Ausblicke. Berlin/Heidelberg/New York

Lukas, E. (1990): Geist und Sinn. München

Michaelis, R./Niemann G. (2017): Entwicklungsneurologie und Neuropädiatrie. Grundlagen, diagnostische Strategien, Entwicklungstherapien und Entwicklungsförderungen. 5. Auflage. Stuttgart

Möckel, A. (2007): Geschichte der Heilpädagogik oder Macht und Ohnmacht der Erziehung. Stuttgart

Moor, P. (1936): Die Verantwortung im heilpädagogischen Helfen. Zürich

Moor, P. (1999): Heilpädagogik. Ein pädagogisches Lehrbuch. Studienausgabe. 2. Auflage. Zürich

Müller-Wiedemann, H. (1981): Der frühkindliche Autismus als Entwicklungsstörung. Stuttgart

Müller-Wiedemann, H. (1994): Menschenbild und Menschenbildung. Stuttgart

Mutzeck, W. (1998): Kooperative Beratung. Grundlagen und Methoden der Beratung und Supervision im Berufsalltag. Weinheim

Negt, O. (2016): Überlebensglück. Eine autobiografische Spurensuche. Göttingen

Neubauer, B.A./Hahn, A. (2012): Dooses Epilepsien im Kindes- und Jugendalter, 12. Auflage. Heidelberg

Neuhäuser, G. (1999): Psychomotorik und Mototherapie -- Wirkfaktoren und Behandlungsergebnisse. In: Motorik, 22. Jg., S. 106-112

Neuhäuser, G. (2000): Geistige Behinderung aus medizinischer Sicht. In: Greving, H./ Gröschke, D. (Hrsg.) Geistige Behinderung. Reflexionen zu einem Phantom. Ein interdisziplinärer Diskurs um einen Problembegriff. Bad Heilbrunn, S. 31-38

Neuhäuser, G. (2001): Motorische Störungen. In: Steinhausen, H. Chr. (Hrsg.): Entwicklungsstörungen im Kindes- und Jugendalter. Ein interdisziplinäres Handbuch. Stuttgart, S. 22-42

Neuhäuser G. (2002): Erwartungen an Therapie und Förderung. Hinweise für mögliche Entscheidungshilfen. In: Frühförderung interdisziplinär, 21. Jg., S. 20-28

Neuhäuser, G. (2002): Wachstum und Entwicklung. In: Sitzmann, F. C. (Hrsg.): Pädiatrie, 2. Auflage. Stuttgart/New York, S. 1-14

Neuhäuser, G. (2003): Diagnose von Entwicklungsstörungen und Coping - Prozesse in der Familie als ärztliche Aufgabe. In: Wilken, U./Jeltsch-Schudel, B. J. (Hrsg.): Eltern behinderter Kinder. Empowerment - Kooperation - Beratung. Stuttgart, S. 73-89

Neuhäuser, G. (2004): Entwicklungsstörungen. Ursachen und Diagnostik. In: Aksu, F. (Hrsg.): Neuropädiatrie. Diagnostik und Therapie neurologischer Erkrankungen im Kindes- und Jugendalter. Bremen, S. 129-141

Neuhäuser, G. (2004): Allgemeine kognitive Entwicklungsverzögerung im Kleinkindalter - welche Prognose haben diese Kinder? In: Suchodoletz, W. (Hrsg.): Welche Chancen haben Kinder mit Entwicklungsstörungen? Göttingen, S. 83-108

Neuhäuser, G. (2016): Syndrome bei Menschen mit geistiger Behinderung. Marburg

Neuhäuser, G./Steinhausen. H.-Chr./Häßler, F./ Sarimski, K. (Hrsg.) (2013): Geistige Behinderung, 4. Auflage. Stuttgart

Oelkers, J. (2017): „War Korczak Pädagoge?". Ein Nachtrag. In: Steiger, S./ Maluga, A./Bartosch, U. (Hrsg.): Der Blick ins Freie. Im Diskurs mit Korczak. Bad Heilbrunn, S. 157-158

Oepen, I. (Hrsg.) (1993): Unkonventionelle medizinische Verfahren. Diskussion aktueller Aspekte. Stuttgart/Jena/New York

Opp. G. (2018): Wenn Kinderseelen leiden ..., In: SPUREN – Sonderpädagogik in Bayern, 61. Jg., S. 7-15

Pauen, S./Roos, J. (2017): Entwicklung in den ersten Lebensjahren (0-3 Jahre). München

Prechtl, H. E. R. (ed) (1984): Continuity of Neural Functions From Prenatal To Postnatal Life. Clinics in Developmental Medicine. Vol. 94. Oxford

Prechtl, H. E. R. (1990): Qualitative Changes of Spontaneous Movements In Fetus And Preterm Infant As A Marker of Neurological Dysfunction. Early Human Development 23. S. 151-158

Radtke, P. (1990): Wir lassen nicht über uns diskutieren. In: Geistige Behinderung, 29. Jg., Heft 4, S. 275-279

Remschmidt, H. (1992): Psychiatrie und Adoleszenz. Stuttgart/New York

Rieß, O./Schöls, L. (Hrsg.) (2002): Neurogenetik. Molekulargenetische Diagnostik neurologischer und psychiatrischer Erkrankungen. 2. Auflage. Stuttgart

Rizzolatti, G./Sinigaglia, C. (2012): Empathie und Spiegelneurone. Die biologische Basis des Mitgefühls. 4. Auflage. Frankfurt

Saint-Exupéry, A. de (2001): Der Kleine Prinz. 57. Auflage. Düsseldorf

Sarminski, K. (2017): Handbuch interdisziplinäre Frühförderung. München

Satir, V. (2007): Selbstwert und Kommunikation. Familientherapie für Berater und zur Selbsthilfe. 18. Auflage, Stuttgart

Sautter, H. (2000): Pädagogisch-psychologische Diagnostik und Intuition. In: Buchka, M. (Hrsg.): Intuition als individuelle Erkenntnis- und Handlungsfähigkeit in der Pädagogik. Luzern, S. 83-95

Schlack, H. G. (Hrsg.) (1998): Welche Behandlung nützt behinderten Kindern? Mainz

Schopenhauer, A. (1859): Die Welt als Wille und Vorstellung. Leipzig

Schneider, W. (2003): Deutsch für Kenner. München/Zürich

Schweitzer, A. (1923): Kultur und Ethik. München

Schweitzer, A. (2007): Kulturphilosophie. Verfall und Wiederaufbau der Kultur. München

Singer, P. (1984): Praktische Ethik. Stuttgart

Singer, P. (2013): Praktische Ethik. 3. revidierte und erweiterte Auflage. Stuttgart

Speck, O. (2008): System Heilpädagogik. Eine ökologisch reflexive Grundlegung. 6. Auflage. München

Speck, O. (2016): Spirituelles Bewusstsein. Wissenschaftliche und kulturelle Aspekte – Übersinnliche Erfahrungen. 3. überarbeitete und ergänzte Auflage. Norderstedt, BoD-Books on Demand

Stinkes, U. (2014): „Ist es normal, verschieden zu sein?" – Eine Aufforderung zum Denken im Widerspruch. In: Pädagogische Impulse, 47. Jg., Heft 2, S. 16–33

Sünkel, W. (1994): Im Blick auf Erziehung. Bad Heilbrunn

Theunissen, G. (1993): Psychosoziale Hilfen für Menschen mit geistiger Behinderung und Verhaltensauffälligkeiten. In: Vierteljahresschrift für Heilpädagogik und ihre Nachbargebiete, 62. Jg., S. 422-433

Tietze, K. (2003): Kollegiale Beratung. Reinbek

Wilken, E. (2018): Sprachförderung bei Kindern mit Down-Syndrom. 13. Auflage. Stuttgart

Autoren

Prof. Dr. Dr. et Prof. h.c. Ferdinand Klein

Lehrer, Heilpädagoge, Logotherapeut, Erziehungswissenschaftler im Fachgebiet Heilpädagogik, war 14 Jahre in der (heil)pädagogischen Praxis tätig, dann an acht Universitäten im In- und Ausland. Zu seinen Arbeitsschwerpunkten zählen Kindheitspädagogik, interkulturelle und inklusive Pädagogik, Forschungsmethoden, Korczakpädagogik und ethische Fragen.

Prof. Dr. Gerhard Neuhäuser

Kinderarzt und Kinder- und Jugendpsychiater, ehemaliger Leiter der Abteilung Neuropädiatrie und Sozialpädiatrie am Zentrum für Kinderheilkunde und Jugendmedizin der Justus-Liebig-Universität Gießen, langjähriger Mitherausgeber von „Frühförderung interdisziplinär", „Motorik" sowie „Kindheit und Entwicklung". Arbeitsschwerpunkt: frühe Diagnostik und Hilfen, Probleme des behinderten Kindes und seiner Eltern, Neurogenetik und Syndrome.

Prof. Dr. phil. Ferdinand Klein

„Die Menschen der Zukunft werden die sein, die ihre Herzen in ihren Gedanken sprechen lassen."

Albert Schweitzer

Taschenbuch, 168 Seiten,
4-fbg. Abb. u. Fotos
19,95 € [D] / 20,50 € [A]
ISBN 978-3-96304-601-8

Inklusive Erziehung in Krippe, Kita und Grundschule

Inklusion ist eine der größten und wichtigsten Herausforderungen, vor denen Pädagoginnen und Pädagogen heute in der Praxis stehen. Pädagogisches Wirken beginnt bei der Fachkraft. Diese stellt Prof. Dr. Ferdinand Klein in den Mittelpunkt. Anhand des Lebenslaufs des berühmten Kinderarztes und Pädagogen Janusz Korczak und seines eigenen erklärt er beispielhaft den Begriff und die Aufgaben des Heil- und Sonderpädagogen. Zudem bietet er vielfältige Fallbeispiele, konkrete Tipps und Hilfestellungen zum Umgang mit Kindern mit besonderen Bedürfnissen, praxisgerecht, leicht verständlich und direkt umsetzbar.

BurckhardtHaus

BURCKHARDTHAUS

Armin Krenz

Der Situationsorientierte Ansatz – auf einen Blick

Ganzheitliches Leben und Lernen, das verspricht der Situationsorientierte Ansatz. Wie sieht das in der Praxis aus? Im Mittelpunkt des Situationsorientierten Ansatzes stehen die Lebensthemen und bedeutsamen Situationen der Kinder. Sie sind Ausgangspunkt für die Projektfindung und -durchführung. Hier erhalten Sie sehr praktische Hinweise, wie Sie anhand von Spielformen, Erzählthemen, Kinderbildern oder Bewegungen die wichtigen Themen erkennen, situationsorientiert ausarbeiten und gewinnbringend auswerten. Dazu erhalten Sie einen Einblick in die Entstehungsgeschichte des Ansatzes.

Broschur, 96 Seiten, 4-fbg. Fotos
15,00 € (D), 15,50 € (A)
ISBN 978-3-944548-04-3

Armin Krenz

Entwicklungsorientierte Elementarpädagogik

Kinder sehen, verstehen und entwicklungsunterstützend handeln

Armin Krenz behandelt fach- und sachkundig und stets praxisnah das Thema der frühkindlichen Entwicklung, sei es im Bereich der Sprache, der Motorik, der sozialen Persönlichkeit oder der Kognition. Er zeigt auf, welch große Bedeutung die Beobachtung und Begleitung der kindlichen Entwicklung in der Pädagogik spielt.

200 Seiten, 4-fbg. Fotos und Abb.,
19,90 € [D], 20,50 € [A]
ISBN 978-3-944548-02-9

Armin Krenz

Elementarpädagogik und Professionalität

Lebens- und Konfliktraum Kindergarten.
Grundsätze zur Qualitätsverbesserung
in Kindertagesstädten.

Der Kindergarten als Lebensraum unterliegt immer der großen Gefahr, sich durch verschiedene Programme/Ansätze bildungspolitischer Strömungen allzu schnell von einem Lebensraum zu entfernen.

192 Seiten, 4-fbg. Fotos und Abb.,
19,90 € [D], 20,50 € [A]
ISBN 978-3-944548-00-5

Armin Krenz

Elementarpädagogik aktuell

Die Entwicklung des Kindes professionell begleiten

Kindertagesstätten haben einen eigenen Erziehungs-, Bildungs- und Betreuungsauftrag, der sich ganz auf eine professionelle Entwicklungsbegleitung von Kindern bezieht. Dabei kommt den ErzieherInnen eine außergewöhnlich große Bedeutung zu, diese Entwicklungsunterstützung professionell zu gestalten und kompetent auszufüllen.

208 Seiten, 4-fbg. Fotos und Abb.,
19,90 € [D], 20,50 € [A]
ISBN 978-3-944548-01-2

Armin Krenz

Grundlagen der Elementarpädagogik

Unverzichtbare Eckwerte
für eine professionell gestaltete Frühpädagogik

Armin Krenz gibt auf Fragen nach produktiver Selbstreflektion, optimierter Teambildung, effizienter Öffentlichkeitsarbeit, nach respektvoller und doch zielorientierter Gesprächsführung, fachlich fundierte und doch leicht verständliche Antworten, die vor allem stets äußerst praxisnah ausfallen.

192 Seiten, 4-fbg. Fotos und Abb.,
22,- € [D], 22,70 € [A]
ISBN 978-3-944548-03-6

BurckhardtHaus

Kathrin Nürge

STARKE ERZIEHER STARKE KINDER

EIGENE RESSOURCEN ENTDECKEN UND EINSETZEN

Broschur, 272 S.
4-fbg. illustriert
20 € [D], 20,60 € [A]
ISBN 978-3-944548-24-1

Wie kann ich meine eigenen Ressourcen entdecken und entwickeln? Wie kann ich sie in meinem Arbeitsalltag als Erzieherin oder Erzieher einsetzen und worauf sollte ich dabei achten?

Diese Fragen und vor allem die Antworten darauf stehen im Mittelpunkt dieses Buches. Denn in unserem pädagogischen Arbeitsfeld geht es nicht darum, Konzepte für andere zu entwickeln. Es geht um das „Menschsein“ im Sinne von wohltuend, wirksam und entwicklungsförderlich für sich selbst, für andere Menschen, für unseren Lebensraum, für die Natur – jeder Mensch mit seinen eigenen ihm zur Verfügung stehenden Ressourcen und Fähigkeiten. Alles, was wir brauchen, steckt bereits in uns und wenn man dies entdeckt, erkennt und entschlüsselt, können wahre Wunder entstehen. Kinder brauchen Erwachsene, die ihnen mit Achtsamkeit, Wertschätzung, Zeit und Liebe begegnen, die ihnen Freiraum und echte Erlebnisse schenken, die sie so annehmen, wie sie sind und sich mit ihnen verbunden fühlen. Wenn dies geschieht – wir unseren Beruf zur Berufung machen – können Kinder gesund, lebendig und vertrauensvoll ins Leben wachsen und zu Akteuren ihrer eigenen Entwicklung werden.

Aus der Praxis – für die Praxis